Más que vencedores

Sabio y Prudente

MAESTRO / ESTUDIANTE

Autor: Orlando A. Rodríguez

Asesor: Eduardo Sabillón, M.S.
Consejero de salud mental y Guianza escolar

Sabio y Prudente

EDITORIAL
PORTAVOZ

CRÉDITOS

© 1997, Sabio y Prudente Ministries
P.O. Box 291052,
Nashville, TN 37229, EE.UU.
Email: sabioyp@aol.com

Derechos reservados
1ª Edición, 1997

Las citas bíblicas de los textos usados en este manual son tomados de la Biblia "Dios Habla Hoy" (Versión Popular). © Sociedades Bíblicas Unidas, 1983,1987. Utilizada con el permiso de los autores.

Diseño portada:	Luis Bravo
Trabajo Editorial:	E.F. Morris
Tipografía:	E.B. Morris
Dibujos y textos:	Orlando Rodríguez
Fotografías:	Elena López
Material de estudio:	Eduardo Sabillón
Productora Ejecutiva:	Carmen Castro
Producción:	Sabio y Prudente Ministries

Printed in Colombia.
Impreso en Colombia.

CONTENIDO

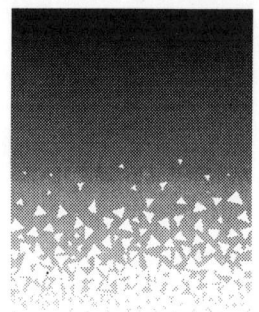

AGRADECIMIENTO

Agradezco muy sinceramente el tiempo e intelecto del grupo de hombres y mujeres que me ayudaron a revisar este trabajo. Gracias a su ayuda hemos podido producir un trabajo de excelencia que glorifica y exalta a nuestro Dios. Ellos son:

- Sra. Ivette Ortiz
- Sra. Pura Rodríguez
- Sr. Manuel Rivera
- Pastora Dorcas Rojas
- Sr. Eduardo Sabillón
- Sra. Carmen Castro de Rodríguez

Quiero aprovechar esta oportunidad para agradecerle al grupo de jóvenes de la Iglesia Harvest Christian Fellowship en Nashville, Tennessee, su paciencia al posar para todas las fotos que se usaron en este libro. Ellos son:

- Orlando M. Rodríguez
- Shekinah Svolto
- Jennifer Harmon
- Andrew Obot
- Lissette Nino
- Jordan Dailey
- David Rodríguez
- Marisol Rodríguez
- Jennifer Ward

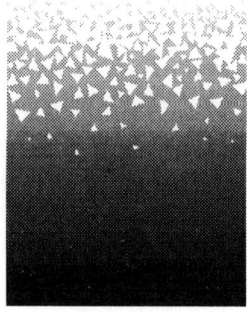

ESTIMADO LECTOR:

Estamos en medio de una guerra violenta y mortal. Nuestros ojos humanos no la pueden ver, pero está ocurriendo a niveles espirituales. Tú formas parte de este terrible enfrentamiento entre las fuerzas del bien y las del mal. En esta batalla, existen dos categorías en las que participan los seres humanos como guerreros espirituales o como simples víctimas. El guerrero se resiste y lucha contra el engaño; la víctima acepta el engaño.

La Biblia nos enseña que Jesucristo venció a Satanás en la cruz del calvario. Satanás es un enemigo derrotado, pero ¡mucho cuidado! porque con su astucia puede engañarte y apartarte de Dios. El enemigo no tiene poder sobre tu vida, pero se las ingenia para tratar de robarte la victoria que Jesucristo te ha dado. Una última batalla se está librando, quizás la más violenta de todas, el objetivo es ganar el destino de tu alma.

Uno de los propósitos de este libro es desenmascarar a Satanás y dejarte ver, como joven, algunas de las maneras que él usa para tratar de engañarnos. Él es un mentiroso y nuestra mente es su campo de batalla preferido. Su objetivo es tratar de influenciar en tus decisiones, pero en realidad no puede tomar la decisión por ti. Tú eres responsable de tus decisiones y tienes la fuerza para resistir los engaños del enemigo. Pero si te descuidas, caerás en su trampa. ¡Tuya es la decisión!

Si quieres vencer al enemigo debes saber tres cosas:

Primera: Satanás es real y te odia porque Dios te ama. *Segunda:* No es tan poderoso como parece, pero sí es muy astuto como para engañarte. *Tercera:* Es un enemigo derrotado. Jesucristo lo derrotó en la cruz del calvario y su victoria es nuestra victoria. Por lo tanto, si tú decides creer en Jesucristo y rechazar las mentiras del enemigo, serás declarado vencedor. *Sométanse, pues, a Dios. Resistan al diablo y este huirá de ustedes. Acérquense a Dios, y Él se acercará a ustedes* (Stg 4.7-8a).

¿Sabes lo que significa claudicar? Claudicar quiere decir faltar a tus deberes o principios. Como hijo de Dios tienes poder para reprender los engaños de Satanás, pero si por el contrario dejas que el engaño del pecado te dislumbre y comienzas a darle más importancia a las cosas del mundo que a Dios, ¡estás claudicando! Muchos jóvenes que conocen a Jesucristo no están cumpliendo con su deber de reprender a Satanás. Estos jóvenes una vez fueron guerreros espirituales y ahora son pobres víctimas de la guerra espiritual.

Pero si quieres llegar a ser un verdadero guerrero espiritual no te conformes con saber que Jesucristo existe, esfuérzate en conocerlo. Lo único que tienes que hacer es abrirle tu corazón y permitirle que Él venga a morar en ti. Si así lo haces, descubrirás lo importante que eres para Él. Jesucristo ha prometido cuidar y proteger a los que en Él confían.

Debes hacer una decisión: Creer en Dios o creer en el mundo. No se puede creer en ambos al mismo tiempo.

Así que esta es la conclusión, esta guerra se define en creer en Dios o no creerle; no existe punto intermedio. ¡Cree en Jesucristo y serás declarado más que vencedor!

Que la paz de Dios sea contigo,

Orlando A. Rodríguez

> # El guerrero se resiste y lucha contra el engaño; la víctima acepta el engaño.

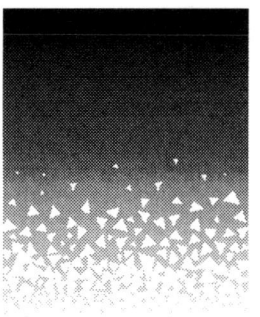

GUÍA PARA
EL MAESTRO

¿Por qué es importante lo que haces?

Los jóvenes de 13 a 18 años están en una de las etapas más críticas e importantes para brindarles educación cristiana. Este período trae grandes cambios en el joven, tanto en el aspecto físico y sicológico como en el espiritual. También ocurren cambios en sus relaciones personales, con la familia, la escuela y la iglesia. A consecuencia de tantos cambios, esta etapa es posiblemente la más complicada en la vida del joven. Por estas razones, muchos maestros de escuela bíblica temen enseñar a este grupo lleno de retos y problemas. Sin embargo, creo que en ninguna otra etapa de la vida las enseñanzas bíblicas logran tener un impacto espiritual tan poderoso y duradero como en estas edades.

La adolescencia es el período donde se descubren muchas cosas nuevas en el mundo, se forman ideales para el futuro, se descubren talentos y habilidades, se asientan las características de la personalidad, se busca la verdad y el propósito de la vida, y se lucha por formar una identidad.

También en este período el joven almacena una inmensa cantidad de energía, vida, creatividad y fuerza. Pero al mismo tiempo es una etapa de confusión y dudas de las cuales se aprovecha Satanás para engañar a nuestros jóvenes. Tu responsabilidad como maestro de la Palabra de Dios es ayudarlos a descubrir el camino correcto.

Dios está usando a los jóvenes para transformar el mundo. Tú, como maestro de la Palabra, tienes la responsabilidad de ayudarlos a descubrir que en Jesucristo son más que vencedores. Cada joven es como una hermosa semilla capaz de llegar a ser un árbol con muchos frutos. Quizás solo tengas que echarle água a la semilla o hacer el hoyo para sembrarla, a Dios le pertenece hacerla germinar y crecer. Todo joven que descubre a Jesucristo se convierte en una seria amenaza para el enemigo. Que tu gozo por enseñar la Palabra de Dios no dependa de los logros en el salón de clases sino de lo que Dios está haciendo y hará en la vida de estos jóvenes.

Te felicito por aceptar el reto de trabajar con los jóvenes. Dios ha puesto en tus manos un glorioso e importante ministerio. Esta serie ha sido diseñada para ayudarte a llevar a cabo la tarea que Dios te ha encomendado. Es nuestro deseo que las lecciones aquí desarrolladas sean de bendición para tu vida y la de tus estudiantes.

¿Por qué se hizo la serie "Más que vencedores"?

Hemos combinado historias amenas con verdades bíblicas para captar la atención del joven y hacerlo reflexionar en un Dios real. El objetivo es motivar al joven a tener una relación personal con Jesucristo.

A través de esta serie reafirmamos a Jesucristo como la única alternativa para vivir en victoria. En Él somos más que vencedores. Jesucristo venció a Satanás en la cruz del calvario. Pero también advertimos que aunque Satanás es un enemigo derrotado, debemos tener mucho cuidado, porque con sus engaños nos puede apartar de Dios. A través de estas lecciones nos proponemos desenmascarar algunas de las artimañas que Satanás usa para confundir y engañar a nuestros jóvenes. Conociendo las estrategias del enemigo, el joven podrá vencerlo con mayor facilidad.

La serie "Más que vencedores" está orientada a motivar al joven a pensar y reflexionar en lo enseñado. Para que de esta manera el joven pueda aplicar a su vida las verdades aquí enseñadas. La clave de la victoria consiste en la obediencia a Dios.

¿Cómo usar este material correctamente?

Este manual se compone de trece capítulos (lecciones), divididos en ocho secciones.

1. **Lectura de la palabra:** Reforzamos la importancia y autoridad de la Biblia.
2. **Verdad bíblica:** Un versículo para memorizar, el cual capta la esencia de la enseñanza.
3. **Requisitos para ser un vencedor:** Esta es una referencia para que el estudiante y el maestro resuman las expectativas que se esperan alcanzar en cada lección.
4. **La lección:** Está orientada a despertar en el joven la curiosidad y fomentar la imaginación. A través de esta lectura el joven enfrentará poderosas verdades bíblicas y descubrirá cómo aplicarlas a su vida.
5. **Actividades:** Ejercicios relacionados con el tema. Su función es ayudar al joven a pensar y reflexionar en las verdades bíblicas que se están enseñando. En el **Apéndice A,** las respuestas de estos ejercicios quedan a discreción del maestro dejarlas o quitarlas del libro.
6. **Tema de discusión:** Se encuentra al final de cada lección y se hizo con el objetivo de reforzar cada enseñanza que se presente de una manera dinámica, que motive al joven a aprender y a descubrir las verdades bíblicas. Esto se hace presentando dilemas, preguntas y situaciones relacionadas con la vida de cada joven.
7. **¿Quieres ser un vencedor?:** Es un breve resumen de la idea central.
8. **Oración:** Es la herramienta más poderosa de la lección. El maestro puede usar esta oración al concluir la clase, o tomarla como una guía para pedir al Señor por las necesidades de los jóvenes. Esto es opción del maestro, lo importante es hacer un hábito de la oración en la clase.

Doce recomendaciones para el maestro/a

1. Esfuérzate en ver a tus estudiantes como Jesucristo los ve, personas valiosas e importantes por las cuales Él dio su vida. Como maestro/a de estos jóvenes tenemos una seria responsabilidad delante de Dios. Dicha responsabilidad no se limita a lo que puedas enseñar a través de los libros sino a lo que enseñas a través de tu manera de ser.

2. Como maestro/a debes estar bien preparado para dar la clase. Cada capítulo contiene una lección desarrollada, pero eso no quiere decir que no hace falta prepararse. Es muy importante que estudies la lección y sobre todo los ejercicios y el tema de discusión. Estar bien preparado para dar la clase puede hacer la diferencia entre ganar la batalla espiritual o perderla.

3. Orar e interceder por tus alumnos constantemente. Esta poderosa arma hace lo que nuestros talentos, habilidades o fuerza no pueden hacer. Dios, por medio de la oración, hace grandes cosas. Antes de enseñar, ora por la lección, los alumnos, y porque el Espíritu de Dios obre en los corazones de ellos.

4. El maestro/a debe tener un conocimiento amplio de las Escrituras. Los jóvenes detectan con facilidad si el maestro/a conoce, maneja y aplica las verdades bíblicas o no. Por la mente de los jóvenes pasan muchas preguntas, y a veces la única persona que tienen para hacerles esas preguntas es al maestro/a. Por esa razón el conocimiento de la Biblia es imprescindible, porque nunca se sabe lo que van a preguntar. Diariamente aparta un tiempo para la lectura de la Biblia.

5. Motiva a tus alumnos a leer la lección de la próxima semana en sus casas. De esta manera, el día que se discuta la lección, un gran número de jóvenes estará dispuesto a participar en la clase.

6. Saca el provecho máximo a las preguntas de las actividades y al tema de discusión. Si estas preguntas se usan correctamente, servirán para que el joven se involucre en la lección y aumente su aprendizaje. Esto se debe hacer con tacto y siempre con el propósito de edificar la clase, comunicándole las verdades bíblicas. Las preguntas no son para avergonzar al joven, ni para entrar en discusión con él, o para investigar su vida personal, al contrario, son para ofrecerles guía, apoyo y ayuda con amor. Aunque se podría dar el caso de que el joven no esté de acuerdo con el maestro/a o la enseñanza bíblica, el maestro/a debe brindar corrección con mansedumbre, respeto y firmeza.

7. Sé un ejemplo para tus alumnos. No puedes pedir que tus alumnos sean lo que tú no eres. Las cosas que más impactan a las personas son las que hacemos, no las que decimos. Que nuestra meta sea reflejar a Jesucristo por medio de nuestras vidas.

8. Relaciónate con los jóvenes tanto como puedas. Los ejercicios y temas de discusión te ayudarán a conocerlos mejor. Para ser un maestro/a más eficiente, escucha a los jóvenes, ofréceles ayuda y trata de estar siempre dispuesto a ayudarlos. No temas acercárteles, dejarles saber que estás orando por ellos y que los amas. Aprende a escuchar, ellos necesitan urgentemente personas que les escuchen.

9. Como maestro/a puedes incorporar preguntas, testimonios, experiencias perso-

nales, o situaciones que sean relevantes a la lección y a la vida de los jóvenes. Durante la semana puedes buscar artículos del periódico o revistas, o noticias en la televisión que se relacionen a la lección. El maestro/a debe estar pendiente de cosas que pueda usar para presentar la lección al nivel del joven y ayude a facilitar su compresión. Obviamente esto requiere preparación.

10. Comunica las verdades bíblicas al nivel de los jóvenes. Trata de ponerte en el lugar de ellos y pensar en todas las presiones e influencias. Entérate cuáles son las modas, la música y las diversiones que a ellos le atrae, aconséjalos pero no los critiques. Usa la realidad que ellos viven para poder transmitirles las verdades que Dios tiene para sus vidas. Para ti es más fácil entender a los jóvenes que para los jóvenes entenderte a ti. Ya tú pasaste por la edad de la adolescencia y el joven todavía no ha llegado a ser adulto.

11. Permite que los jóvenes tengan la oportunidad de trabajar en grupos pequeños para hablar sobre los temas de discusión que aparecen al final de cada capítulo. De igual forma se pueden formar grupos para discutir temas específicos, para planificar actividades para la clase o la iglesia, para generar alternativas o soluciones a problemas específicos que el maestro/a presente, etc. Está probado que diez minutos de trabajo realizado por la clase es mucho mejor que una hora de trabajo hecho por el maestro/a. El trabajo en grupo sirve para motivar la clase, para mantener la atención y para estimular al joven a pensar.

12. Si no terminas la lección, continúa la siguiente semana. Las lecciones de estos capítulos están diseñadas para motivar al joven a hablar y expresar lo que pasa en su vida. Por esta razón la lección se puede extender. Cuando surjan situaciones en la cual los jóvenes cuenten experiencias de sus vidas, préstales interés y escúchalos. Los jóvenes aprenden de las experiencias de sus compañeros y están receptibles a ellos; por eso te exhorto a desarrollar el diálogo entre tus jóvenes.

Conclusión

Tu éxito como maestro/a dependerá de cuán comprometido estés con Dios y con el ministerio que Él ha puesto en tus manos. Recuerda que el tiempo, dedicación, esfuerzo y sacrificio que hagas como maestro/a, tendrá un gran impacto en el resto de la vida de tus alumnos. Esto traerá bendiciones espirituales y galardones en esta vida, y en la vida eterna si lo haces de corazón para el Señor. Hay mucho que hacer por nuestros jóvenes y muchas vidas que alcanzar. ¿Estás listo para hacerlo? Con la ayuda del Señor sé que lo harás.

Capítulo 1

Una hermosa aventura de fe

Lectura bíblica:
Colosenses 2.2-3; 2.16-22; Efesios 4.22-24

Requisitos para ser un vencedor

- Reconocer que para llegar al cielo hay un solo camino, y se llama Jesucristo.

- Aprender a confiar en Jesucristo.

- Descubrir que día a día estamos en un proceso de renovación.

Verdad bíblica

Pues Dios amó tanto al mundo [a ti, a mi y a la humanidad] que dio a su Hijo único, para que todo aquel que cree en Él no muera, sino que tenga vida eterna (San Juan 3.16).

Relata una antigua historia que un joven príncipe, de un lejano país, quería llegar al cielo. Un día, se encontró con un hombre muy sabio que conocía el secreto para llegar al cielo. El hombre sabio le dijo: "Para llegar al cielo hay un solo camino, pero está dividido en dos veredas: a una se llega mediante nuestro esfuerzo y a la

otra, alguien te lleva en sus brazos. Solo una de las veredas te garantiza la entrada al cielo". Luego le preguntó: "¿Cuál de las dos prefieres?"

El joven príncipe contestó con mucha autoridad y orgullo: "Quiero llegar por medio de mi esfuerzo". El hombre sabio le contestó: "Si tu deseo es llegar al cielo, lo único que tienes que hacer es subir a lo alto de la montaña, comenzar a mover tus brazos hacia arriba y hacia abajo, como si fueras un ave, brincar con fuerza al vacío y comenzar a volar. De esta manera entrarás al cielo. Pero existe una condición, no puedes pensar en ningún tipo de ave porque entonces no podrás volar".

Jesucristo es la luz de la humanidad

El joven subió a la montaña e hizo todo lo que el hombre sabio le había dicho. Al brincar al vacío comenzó a volar, pero a los pocos minutos dejó de hacerlo y cayó al abismo. Después de esa estrepitosa caída, el joven príncipe pasó varios meses recuperándose de todos sus golpes. Sin embargo, con la ayuda de un par de muletas y caminando con mucha dificultad, llegó hasta donde estaba el hombre sabio.

Cuando este lo vio, le volvió a decir: "Para llegar al cielo hay un solo camino, pero está dividido en dos veredas: a una se llega por medio de nuestro esfuerzo y a la otra alguien te lleva en sus brazos. Solo una de las veredas te garantiza la entrada al cielo". Luego le preguntó: "¿Cuál de las dos prefieres?"

El joven se sorprendió porque ni siquiera se había interesado en preguntarle cómo se sentía, ni si le había ido bien o mal, sino que le volvió a repetir la misma pregunta de cuando lo conoció. Pero esta vez el príncipe contestó tímidamente: "Que alguien me lleve en sus brazos". El príncipe había aprendido la lección. El sabio le contestó al joven: "Has contestado bien. No importa lo mucho que te esmeres o lo alto que vueles. En realidad, nadie puede entrar al cielo por medio de su esfuerzo. Por tal razón, Dios ha preparado un mecanismo único, muy especial para entrar al cielo. No depende de nuestras habilidades, conocimientos o sacrificios, solo depende de aprender a confiar en su Hijo Jesucristo, el cual ha estado desde el principio con Dios. ¿Estás dispuesto a confiar en Él?

Cierto o Falso   Juan 14:6.

_____ 1. Jesucristo es el Hijo de Dios.

_____ 2. Ir a la iglesia me hace cristiano.

_____ 3. Ser bueno es lo único que necesito para ir al cielo.

_____ 4. Jesucristo es uno de los caminos para ir al cielo.

_____ 5. Ser cristiano es llevar mi Biblia a todas partes.

_____ 6. Jesucristo es la luz del mundo.

_____ 7. Puedo entrar al cielo por medio de mi esfuerzo.

_____ 8. Jesucristo es el único camino para ir al cielo.

"¿**Q**ué debo hacer para que Jesucristo sea mi maestro?" El hombre sabio le contestó al joven príncipe: "Debes aprender a obedecer y confiar en Él". Dios hizo todas las cosas por medio de Jesucristo, nada de lo que existe fue hecho sin Él. En Él está la vida, y la vida era la luz de la humanidad. Esta luz brilla en las tinieblas, y las tinieblas no han podido apagarla (véase Juan 1.2-5). El hombre sabio miró compasivamente al joven y le dijo: "Pídele a Dios que te de ánimo en tu corazón para permanecer unido en amor enriqueciéndote con el perfecto entendimiento para comprender el secreto de Dios, que es Cristo".

¿Qué nos dice la Biblia sobre Jesucristo? *Cristo es la imagen visible de Dios, que es invisible; es su Hijo primogénito, anterior a todo lo creado. En Él Dios creó todo lo que hay en el cielo y en la tierra, tanto lo visible como lo invisible, así como los seres espirituales que tienen dominio, autoridad y poder. Todo fue creado por medio de Él y para Él* (Colosenses 1.15-16). Jesucristo es el Hijo de Dios y la imagen de Dios.

El hombre sabio continuó diciéndole al joven: "Tratar de llegar al cielo volando representa usar nuestros recursos, es decir, hacer lo bueno, esforzarnos por cumplir las leyes espirituales establecidas por el hombre, apartarnos del mal, ayudar al necesitado, etc. Todo eso es muy bueno, pero cuando dependemos de nuestras habilidades, abrimos la puerta al orgullo y este trae consigo la soberbia, la cual es prima hermana del pecado. De esto se aprovecha el enemigo de Dios para destruirte". Si alguno quiere ser discípulo de Jesucristo, debe olvidarse de sí mismo (egoísmo, avaricia, orgullo, etc.), cargar con su cruz cada día y seguir en pos de Cristo. *Porque el que quiera salvar su vida, la perderá; pero el que pierda la vida por causa de Jesucristo, la salvará. ¿De qué le sirve al hombre ganar el mundo entero, si se pierde o se destruye a sí mismo?* (Lucas 9.24-25).

La desobediencia siempre nos mancha.

Analiza este pasaje bíblico y contesta las preguntas:

Por tanto, hermanos míos, les ruego por la misericordia de Dios que se presenten ustedes mismos como ofrenda viva, santa y agradable a Dios. Este es el verdadero culto que deben ofrecer.

1. ¿Cuál es la ofrenda viva?

_____

_____

_____

Cor. 6-18.

El joven príncipe preguntó: ¿Por qué aparecieron en mi mente todo tipo de aves cuando comencé a volar? El hombre sabio contestó: "las aves representan los pensamientos que se forman en nuestra mente, la cual es el lugar preferido del enemigo para atacar al hombre. El enemigo puede manipular nuestros pensamientos para que sigamos nuestros malos deseos y así destruirnos".

"Entonces", dijo el joven príncipe, "ahora comprendo lo que pasó. Seguí todas las instrucciones que usted me dio y pude volar. Pero lo hacía por medio de mi esfuerzo y habilidades. Y reconozco que no pude controlar mis pensamientos, porque mi mente la controlaba el maligno. En mi mente comenzaron a aparecer todo tipo de aves, grandes y pequeñas, de todos los colores y formas. Esto representa los ataques del enemigo en mi mente, él tenía el control sin que yo me diere cuenta".

De igual manera y aunque seamos cristianos, Satanás trata de influenciarnos y tentarnos a pecar, mas ya no estamos bajo su control. Desde el momento que recibimos a Jesucristo en nuestras vidas, nuestra mente entra en un proceso de renovación, y Satanás pierde el control. Ese proceso de renovación y de limpieza toma tiempo, ya que requiere un cambio de ideas, pensamientos y deseos que antes estaban corrompidos por el mundo.

El Espíritu de Dios es quien hace esta renovación, pero tú debes orar, leer la Palabra, escuchar prédicas o enseñanzas, escuchar música cristiana y leer libros o revistas cristianas. Al hacer esto, estás saturando tu mente con la Palabra de Dios, renovándola de toda la maldad y corrupción que Satanás había puesto en ella. Es algo parecido a reprogramar una computadora. Quitas el programa viejo (las cosas del mundo) y pones un nuevo programa (las cosas de Dios). Sin embargo, renovar nuestra mente (pensamientos, actitudes, etc.) a veces no es tan fácil como hacer cambios a una computadora, pero lo lograremos si la llenamos de Jesucristo.

Proverbios 3. 1 - 8.

BUSQUEN LAS COSAS DEL CIELO

Cosas para renovar

Marca las cosas que tú sabes que necesitas renovar gracias al Espíritu de Dios en tu vida.

_____ Lo que pienso de mí mismo

_____ Mi actitud hacia mis padres

_____ Mi búsqueda de Dios

_____ Mis planes para el futuro

_____ Mi manera de ser en la escuela

_____ Mi actitud hacia la Iglesia

Como el príncipe, hay jóvenes que llegan a creer estas mentiras peligrosas en cuanto a la salvación. Creen que por sus buenas obras llegarán al cielo. Hay otros jóvenes que también tienen esperanzas de recibir salvación, pero quieren llegar al cielo a su manera. No quieren rendir cuentas de sus actos y prefieren hacer lo que les place, pero cuando tienen que enfrentar la realidad de sus pecados se justifican y no reconocen sus errores.

Te aseguro que de esa forma no se llega al cielo.

Como no quieren escuchar la Palabra de Dios, caen en caminos que parecen ser correctos, pero son caminos de perdición. Desafortunadamente están equivocados, y el enemigo los tiene atrapados en sus garras. Para llegar al cielo, hay un solo camino que se llama Jesucristo.

Él es el resplandor glorioso de Dios, la imagen misma de lo que Dios es y el que sostiene todas las cosas con su palabra poderosa. Después de limpiarnos de nuestros pecados, se ha sentado en el cielo, a la derecha del trono de Dios (Hebreos 1.3).

Lo único que garantiza tu entrada al cielo es confiar en Jesucristo. Debes con-

fiar en Él, de tal manera que descanses en sus brazos y sea por Él que recibas la vida eterna. Atrévete a creer en Jesucristo, a pesar de los problemas o situaciones difíciles que estés enfrentando. Él tiene el poder y la autoridad para darte la victoria.

Jesucristo es más real que el aire que respiramos, sin el cual no podemos vivir. Los que no tienen a Jesucristo están muertos espiritualmente, pero los que creen en Él tienen vida y vida en abundancia.

Recuerda, Jesucristo es el único camino para llegar al cielo. Él te garantiza la vida eterna. ¿Estás de acuerdo?

Por lo tanto; ya que ustedes han sido resucitados con Cristo, busquen las cosas del cielo, donde Cristo esta sentado a la derecha de Dios. Piensen en las cosas del cielo, no en la de la tierra. Pues ustedes murieron, y Dios les tiene reservado el vivir con Cristo. Cristo mismo es la vida de ustedes. Cuando Él aparezca, ustedes también aparecerán con Él llenos de gloria (Colosenses 3.1-4).

Conozcamos más de Jesucristo. *Juan 1* 1-18. ¿Sabías que...

... Jesucristo ha estado desde el principio con Dios?

... por medio de Él, Dios hizo todas las cosas?

... en Él está la vida y la luz de la humanidad?

... todo fue creado por medio de Él, y para Él?

... Jesucristo es la imagen visible de Dios?

... Él esta sentado a la diestra de Dios?

Tema de discusión

Durante la clase de ciencia, el maestro de Pedro estuvo diciéndole a los alumnos que él no creía en la existencia de Dios. "No hay pruebas científicas, y como no las hay, yo no lo creo", opinó en la clase. En otra ocasión le dijo a los alumnos: "El propósito de la vida es disfrutar y sacar el mejor provecho para nuestro beneficio. Vivir, gozar, viajar, comer, bailar, eso es todo. Ustedes están jóvenes, así que disfruten. Pedro se enojó al escuchar todas estas mentiras que el maestro estaba tratando de inculcarle a los jóvenes. Busca los siguientes versículos: Eclesiastes 12.13-14; Salmo 14.1; Romanos 1.19-23; Hebreos 9.27 y Lucas 12.16-21. Observa qué dice la Biblia respecto a la manera de pensar del profesor de Pedro. ¿Qué camino piensas que él está siguiendo, y qué le dirías a tus compañeros de clase si escucharan estas mentiras?

¿Quieres ser un vencedor?

Una de las recomendaciones más poderosas que nos da la Biblia la encontramos en el libro de Efesios 4.22-24: *Por eso, deben ustedes renunciar a su antigua manera de vivir y despojarse de lo que antes eran, ya que todo eso se ha corrompido, a causa de los deseos engañosos. Deben renovarse espiritualmente en su manera de juzgar, y revestirse de la nueva naturaleza, creada a imagen de Dios y que se distingue por una vida recta y pura, basada en la verdad.*

Oremos:

Motivos de oración:

Orar por la renovación de nuestra mente, para que sea semejante a la de Jesucristo. También orar por nuestras amistades, familiares y otros que andan en caminos de perdición.

Bendito Padre Celestial, domina mis pensamientos y ayúdame a renovar cada vez más mi mente por medio de tu Palabra. Todos mis pensamientos los llevo a ti Señor, y te ruego que me ayudes a mantener mi mente en ti. Te pido por todos aquellos que no te conocen y que están en caminos errados, ten misericordia de ellos y permite que puedan llegar a conocerte. Quiero depender de ti, oh Señor; y por fe declaro victoria sobre todo pensamiento que no sea bueno. Amén.

Capítulo 2

Dios nos da recursos

Lectura bíblica

Jueces 6.11-24; 6.36-40; 7.1-18

Requisitos para ser un vencedor:

- Reconocer que Dios tiene poder para darme la victoria, no importa cuál sea mi situación.

- Aprender a usar los recursos que Dios te ha dado.

- Descubrir la importancia de confiar en Jesucristo.

Verdad bíblica

No tengas miedo, pues yo estoy contigo, no temas, pues yo soy tu Dios. Yo te doy fuerzas, yo te ayudo, yo te sostengo con mi mano victoriosa (Isaías 41.10).

Imagínate que eres un general con un poderoso ejército de 32,000 soldados, pero te ordenan a quedarte solamente con 300 hombres y enfrentarte a un poderoso ejército de miles de enemigos, ¿cómo te sentirías? (Véase Jueces 6 y 7). ¿No te sentirías confundido? Pensarías que eso es una locura. Pues esto le pasó a un joven llamado Gedeón, con la única diferencia de que él no estaba confundido: sabía en quién había confiado. En este capítulo veremos cómo Dios puede usar nuestros escasos recursos y habilidades para hacer grandes cosas.

Al enfrentarte a un serio problema, tal vez te preguntes: Y ahora, ¿cómo salgo de esto? ¿Cómo voy a resolver este problema? ¿Podré vencerlo? Gedeón se hizo esas mismas preguntas. *¿Cómo voy a salvar a mi pueblo? Mi clan es el más pobre de toda la tribu de Manasés, y yo soy el más pequeño de mi familia* (Jueces 6.15b).

El enemigo que Gedeón enfrentaba era la tribu de Madián. Esta era una tribu nómada que vivía en el desierto y odiaba al pueblo de Israel. Ellos servían a dioses paganos y su plan era destruir a Israel. Su ejército era mucho más grande y mejor equipado que el de Israel. Ante esta situación, Gedeón decidió poner su confianza en Dios y en la promesa que Él le hizo. Dios le dijo: *Podrás hacerlo porque yo estaré contigo* (Jueces 6.16). ¿Le agradan a Dios las mentes negativas? ¿Las que constantemente dicen, "no puedo"? ¡De ninguna manera!

Podrás hacerlo porque ¡Yo estoy contigo!

¿Cómo es posible? ¡Tengo sombra!

La mente negativa solo produce pensamientos que constantemente te están recordando tus limitaciones. El enemigo se aprovecha de esto para destruir tu autoestima. Rechaza las mentiras de Satanás. Su único propósito es confundirte y hacerte pensar que estás completamente desamparado ante tus problemas. Aprende a creer y proclamar las promesas que Dios nos ha dado a través de la Biblia.

Las promesas del Señor son dignas de confianza, Él nos enseñó que para el que cree, todo es posible (Marcos 9.23). Esto es importante: Si Dios está contigo, ¿quién contra ti? Dios nos da los medios para resolver nuestros problemas.

Gedeón quería enfrentar al ejército enemigo con un poderoso ejército de 32.000 soldados. Pero Dios tenía otro plan y sólo le permitió usar 300 hombres para enfrentar al enemigo. Medita en esto: la lógica humana te dice que 300 hombres no son suficientes, pero Dios no actúa según la lógica del hombre. Dios le dio la victoria a Gedeón y también a ti te la puede dar.

Piensa en los problemas que estás enfrentando.

De los siguientes problemas, ¿cuáles te parecen muy difíciles de vencer? Selecciona tres.

___ Los problemas entre mis padres y yo.

___ Sentirme solo y no tener amistades.

___ Las heridas y dolor que otros me han causado.

___ Cosas de mi pasado que no puedo olvidar.

___ Mi futuro... qué será de mí.

___ La presión de mis amigos que me rodean.

Dios nos ha dejado numerosos recursos para alcanzar la victoria. Uno de los principales es la fe. Atrévete a creer a Dios. No te preocupes de lo poco que creas tener, si lo pones en las manos de Dios será más que suficiente. ¡Confía en Dios! La oración es otro de los recursos más poderosos que tenemos como cristianos. A través de ella el hombre puede desbaratar los planes del enemigo y establecer el plan de Dios. Con la oración activas las bendiciones que Dios tiene para ti.

¡Qué hermoso! Por medio de la fe y la obediencia en Jesucristo, Dios nos promete responder a nuestras oraciones. El tercer recurso que tenemos es el amor de Dios por nosotros. Saber que Él nos ama, nos debe dar ánimo para no terminar vencidos, y perseverar hasta el fin. Su amor es tan maravilloso que aunque le fallemos, nos perdona y si le somos infieles, Él permanece fiel. Su amor por nosotros es tan grande que para salvarnos dio lo más valioso, lo más precioso que tenía. Envió a su hijo Jesucristo a morir en una cruz por ti y por mi. Dios es santo, puro, majestuoso, todopoderoso, omnipotente, omnipresente y digno de ser exaltado y alabado.

Satanás sabe que las promesas del Señor son ciertas y quienes las reclaman, las obtienen. Satanás no puede impedir que Dios te bendiga, pero tratará de engañarte para que tú no recibas lo que Dios tiene para ti. Su intención es confundirte para que desconfíes y no creas en las promesas de Dios. Y sin darte cuenta te robará las bendiciones que traen las promesas de Dios.

La otra cosa que Satanás intentará es mantenerte muy ocupado con muchas actividades para que no dediques tiempo a la lectura de la Biblia. No te dejes engañar, en la Biblia está la clave de tu victoria. Es fundamental que como guerrero/a espiritual leas y estudies la Biblia, es fuente inagotable de poder, sabiduría y bendición. En el Salmo 37.3-5 se encuentra otra promesa que Dios nos da y que dice así: *Confía en el Señor y haz lo bueno, vive en la tierra y mantente fiel. Ama al Señor con ternura, y Él cumplirá tus deseos más profundos. Pon tu vida en las manos del Señor; confía en Él y Él vendrá en tu ayuda.* (Recurso: Promesas de Dios).

Para ser un guerrero espiritual, qué características o recursos crees que debes poseer.

Selecciona 5 y enuméralas en orden de importancia, marcando el # 1 como la más importante para ti y el # 5 como la menos importante.

___ fe	___ alabanza	___ poder divino
___ gozo	___ oración	___ Palabra de Dios
___ paz	___ ofrendas	___ Espíritu Santo
___ ayuno	___ amor de Dios	___ confianza en Dios

Para Dios lo imposible es posible

Dios quiere y puede ayudarte, pero es necesario que aprendas a confiar en Él y a usar los recursos que Él te da. La Biblia nos enseña que: *Si ustedes permanecen unidos a mí, y si permanecen fieles a mis enseñanzas, pidan lo que quieran, y se les dará* (Juan 15.7). Gedeón se atrevió a confiar en Dios, a pesar del peligro que le rodeaba. Decidió poner su vida en las manos del Señor y confiar en Él.

Dios ha prometido que ayudará a todos los que en Él confían (Salmo 37.5). No es fácil lo que Gedeón hizo. El ejército enemigo era impresionantemente grande. Los madianitas, los amalecitas y la gente del oriente se habían esparcido por el valle como una plaga de langostas (saltamontes). Tenían tantos camellos como arena hay a la orilla del mar (Jueces 7.12). ¡Impresionante! Contra este poderoso ejército se tenía que enfrentar Gedeón y apenas tenía 300 soldados.

Parte de la vida cristiana requiere que por medio de la fe veamos las cosas que no son, como si fuesen. Hay momentos en que tendremos que confiar aunque no veamos nada, y esperar completamente que Dios haga el milagro. Esto es exactamente lo que hizo Gedeón, por medio de su fe en Dios puso toda su vida en las manos de Él. Lo que parecía lógicamente imposible se convirtió en una realidad. Gedeón venció al ejército enemigo.

¡Qué alentador es saber que los milagros siguen ocurriendo en la vida de aquellos que ponen sus confianza en Dios. No te lamentes por lo poco que tengas para enfrentar tus problemas. Te aseguro que si pones tus recursos en las manos de Dios, serán más que suficientes para darte la victoria sobre el problema. Aprende a usar los recursos que Dios te ha dado y llena tu vida de gozo, porque mientras menos posibilidades tengamos, más grande será el milagro. Entrega a Dios todo lo que eres y Él, por medio de ti, hará grandes cosas.

Para ser un guerrero espiritual se necesitan estas cualidades.

Busca el verso bíblico y al lado cita la cualidad que le corresponde.

A. Col 4.2   1. Usar bien la palabra de verdad ____

B. 2 Ti 2.15   2. Mantenerte en oración ____

C. Ef 6.11   3. Huir de las pasiones juveniles ____

D. 2 Ti 2.22   4. Vestirte de toda la armadura de Dios ____

E. 2 Ti 2.1   5. Ser esforzado ____

F. 1 Ti 6.12   6. Pelear la buena batalla ____

¿**P**or qué Dios redujo el ejército de Gedeón de 32.000 a 10.000 y luego a 300 soldados? Sencillo: Dios no está dispuesto a compartir su gloria. Enfrentarse a un ejército de 135.000 (ciento treinta y cinco mil) soldados enemigos y derrotarlo con apenas 32,000 soldados es un milagro indiscutible. Dios había declarado la victoria antes de comenzar la batalla. Pero existía el peligro de que los hombres del ejército de Gedeón se olvidaran del que dio la victoria y se enorgullecieran vanamente pensando que la habían alcanzado con sus habilidades.

El Señor le dijo a Gedeón: *Traes tanta gente contigo que si hago que los israelitas derroten a los madianitas, van a alardear ante mí creyendo que se han salvado ellos mismos* (Jueces 7.2). Para operar tan grande milagro, Dios usó a Gedeón y los pocos talentos y habilidades de 300 hombres. Eso fue todo lo que Dios necesitó.

Dios quiere usar los talentos y habilidades que tienes. Tal vez pienses que son pocos o que son insignificantes, mas esos talentos rendidos y puestos en las manos de Dios pueden cambiar cualquier problema y aún impactar este

Dios ha prometido bendecirnos. No entiendo cómo lo hace, pero siempre cumple lo prometido.

mundo. La Biblia nos reafirma que los que honran y confían en Dios alcanzarán la felicidad y nada les faltará. *El ángel del Señor protege y salva a los que honran al Señor. Prueben, y vean que el Señor es bueno.*

¡Feliz el hombre que en Él confía! Honren al Señor, los consagrados a Él, pues nada faltará a los que le honran (Salmo 34.7-9). Los que confían en Jesucristo salen vencedores de cualquier situación. Al igual que Gedeón, pon tus talentos y habilidades en las manos de Dios. Él tomará lo poco que puedas ofrecer y lo usará para su honra y gloria. Todo el que se atreve a confiar en Dios experimentará cosas grandes y maravillosas. ¡Ya estás preparado!

¿Sabías que Dios le ha dado dones a los que le sirven?

Romanos 12.6-8 nos dice que Dios nos ha dado dones. Busca este versículo y con una X marca los siete dones que allí se mencionan.

___ dar	___ enseñar	___ servir a otros
___ riquezas	___ profecía	___ animar a otros
___ actuar	___ dibujar	___ inteligencia
___ cantar	___ exhortar	___ comunicar el mensaje
___ escribir	___ ser atleta	___ ayudar al necesitado
___ ocupar un puesto de responsabilidad		

Feliz el hombre que confía en Dios

Tema de discusión

María se siente muy insatisfecha consigo misma. Piensa que es muy poca cosa y que Dios no la puede usar porque no es tan talentosa como otras jovencitas de la iglesia. A ella se le hace difícil pensar en un futuro brillante y de bendición para su vida. Cuando lee la Biblia y ve las promesas que hay allí, María piensa que no son para ella. Quiere hacer grandes cosas y poner toda su vida en las manos de Dios, pero no sabe qué hacer. Si María te pidiera ayuda, ¿qué le dirías o qué harías para ayudarla? ¿Te has sentido alguna vez así?

¿Quieres ser un vencedor?

¡Confía en Dios! No importa cuán difícil sea un problema, Dios tiene poder y autoridad para darte la victoria a pesar de tus limitaciones. Rinde tus talentos y habilidades al Señor y Él hará grandes cosas.

Oremos

Motivos de oración:
Solicitar sabiduría a Dios para rendirle nuestros talentos y habilidades.

Bendito Dios de amor, gracias por tu socorro en mis momentos de más necesidad. Alabo tu nombre por darle a mi vida recursos para sobreponerme a los problemas que enfrento. Pongo delante de ti mis habilidades y talentos para que tú hagas conmigo como te plazca, y yo alabaré y exaltaré tu nombre. Soy feliz y me siento seguro/a en ti. Amén.

Capítulo 3

La salvación: un regalo divino

Lectura bíblica
Romanos 10.2-10; Efesios 2.1-9

Requisitos para ser un vencedor:

- Reconocer que tu salvación proviene de Dios.

- Aprender que la salvación no se puede comprar ni ganar, es un regalo de Dios

- Descubrir que la salvación solo depende de lo que Jesucristo hizo en la cruz del Calvario.

Verdad bíblica

Dios ama al hombre y a la mujer de manera muy especial, pero el pecado nos ha separado de Dios. Por cuanto todos pecaron, y están destituidos de la gloria de Dios (Romanos 3.23 RVR).

Estás caminando en medio de un desierto donde el calor es mortalmente agobiante. El camino que tienes que recorrer es largo y difícil. Apenas andas por la mitad, y estás a punto de darte por vencido. Sabes muy bien que si te rindes, morirás en tan horrible lugar. Como si tener que caminar bajo el intenso calor no fuera suficiente, tienes que llevar sobre tus hombros un enorme saco lleno de cosas inservibles. De pronto, divisas a lo lejos algo que se mueve, ¡es un camión! Y mientras más se acerca, más intenso es el gozo que sientes, porque tienes esperanzas de que el conductor te permita subir. Por fin, aquel enorme camión de plataforma se detiene y el conductor decide ayudarte. Ahora, mientras dure el viaje, puedes subir y sentarte a disfrutar la vista del paisaje. ¡Estás a salvo!

Jesucristo pagó el precio

Ya no tienes que luchar solo para salir victorioso del desierto, el chofer del camión lo hará por ti. Sin embargo, después de haber recorrido un tramo, el chofer mira por el espejo retrovisor y ¡te ve parado en la plataforma, luchando para mantener el equilibrio mientras aun sostienes sobre tus hombros el enorme saco lleno de cosas inservibles! Entonces el chofer detiene nuevamente el vehículo, baja y va hasta donde estás y te pregunta: "¿Qué estás haciendo?" Y tú, con cierto aire de orgullo, le contestas: "Usted ha sido tan bueno conmigo al salvar mi vida, que he decidido ayudarle a cargar este enorme saco que contiene cosas muy valiosas para mi".

"¿De veras crees que me estás ayudando a cargar el saco?", dice el chofer y agrega: "Pues en realidad no es así. El camión está haciendo todo el trabajo, y tiene que hacer el mismo esfuerzo tanto si viajas cómodamente sentado como si sigues parado haciendo equilibrio".

¿Qué tiene que ver esta historia con la salvación que hemos recibido de Dios? ¡Mucho!

Antes de conocer a Dios a través de su hijo Jesucristo, estábamos caminando bajo el sofocante calor (los muchos problemas), en medio del desierto (solos), llevando cargas innecesarias, llamadas pecado. Nuestro destino era la muerte, pero Jesucristo llegó y nos salvó. Él nos recoge tal cual somos y con las cargas que traemos (pecados, actitudes negativas, malos hábitos, rencores y temores), pero poco a poco nos ayuda a desprendernos de ese innecesario lastre que nos impide avanzar en las cosas de Dios.

Hay personas que se esfuerzan tratando de ayudar a Jesucristo a sostener sus propias cargas, pero eso es innecesario. Dios no necesita nuestra ayuda. Esas personas sienten una culpa tan grande, por las cosas malas hechas en el pasado, que piensan que Dios les ha perdonado muchos de sus pecados, pero no todos. Como resultado, siguen cargando en su mente y en su corazón esa gran carga inservible de culpa que no les permite ser libres y descansar. Por el otro lado, hay un grupo que piensa que si hacen muchas cosas buenas podrán dejar de cargar ese saco tan pesado. Se involucran en sus buenas obras, y no permiten que el Espíritu de Dios los haga libres. ¡Ambos están equivocados!

¿A qué grupo perteneces?

1. Los que quieren ayudar a Jesucristo.

2. Los que se creen muy buenos.

3. Los que entregan sus cargas a Jesucristo.

4. Los que confían en sus habilidades y no necesitan de Dios.

El hombre quiere ayudar a Dios, pero Él no necesita nuestra ayuda. Lo único que Dios necesita es que aprendamos a confiar y a creer en Él. *Vengan a mi todos ustedes que están cansados de sus trabajos y cargas, y yo los haré descansar* (Mateo 11.28). Aunque Dios nos da la salvación gratuitamente, es necesario hacer dos cosas para recibirla: Creer con el corazón y confesar con nuestra boca.

Si con tu boca reconoces a Jesús como Señor, y con tu corazón crees que Dios lo resucitó, alcanzarás la salvación. Pues con el corazón se cree para alcanzar la justicia, y con la boca se reconoce a Jesucristo para alcanzar la salvación (Romanos 10.9-10).

Jesucristo es el plan perfecto de Dios para la salvación de la humanidad. Nuestros pecados y maldades eran tantos, que solo la sangre de Jesucristo derramada en la cruz del Calvario nos pudo salvar. Este es un regalo de Dios.

No te cuesta nada, se recibe por medio de la fe, creyendo. ¡Así de sencillo es el plan de Dios! No tienes que hacer ningún esfuerzo o trabajo para recibir la salvación. Jesucristo pagó el precio, murió y resucitó por ti como resultado del plan de Dios para tu salvación. La Biblia nos enseña que la salvación no depende de lo que podamos hacer, sino de lo que Jesucristo ya hizo.

En su favor [hablando de los judíos] puedo decir que tienen un gran deseo de servir a Dios; solo que ese deseo no está basado en el verdadero conocimiento. Pues no reconocen que es Dios quien hace justos a los hombres, y pretenden ser justos por sí mismos; y así no se han sometido a lo que Dios estableció para hacernos justos. Porque la ley llega a su término con Cristo, y así todos por la fe pueden llegar a ser justos (Romanos 10.2-4). Como lo explica este texto, en el tiempo de Jesús había mucha gente que pensaba que se podía agradar a Dios mediante los actos religiosos que hicieran, las ofrendas que dieran y las muchas oraciones y ayunos que lograsen. Pero estaban equivocados, todos nuestros esfuerzos por salvarnos resultan inútiles. Solo la gracia de Dios a través de Jesucristo nos garantiza salvación y vida eterna.

Completa el pareo:

1. Corazón _____ Un regalo de Dios.

2. Salvación _____ Nuestros esfuerzos por salvarnos.

3. Boca _____ Se cree para quedar libre de culpa.

4. Son inútiles _____ Sois salvo por medio de la fe.

5. Por gracia _____ Se reconoce a Jesucristo para salvación.

Son muchos los que confían en sus logros y olvidan que de nada les servirán sus recursos para salvar el alma. La Biblia nos enseña: *Por gracia sois salvos por medio de la fe; y esto no de vosotros pues es don de Dios; no por obras, para que nadie se gloríe* (Efesios 2.8-9 RVR). No podemos entender cómo pueda ser ¡GRATIS! algo tan valioso como la salvación y mucho menos que no tengamos que hacer ningún sacrificio para lograrla.

La realidad es que todos nuestros esfuerzos por salvarnos o ayudar a Dios en el proceso son completamente inútiles. Solo la gracia de Dios, a través de Jesucristo, nos garantiza salvación y vida eterna.

POR MEDIO DE LA FE ¡SOMOS SALVOS!

¡Qué equivocados están los que solo confían en sus propios recursos y habilidades! Descubrirán la triste realidad de que no le sirven para la salvación de su alma. Pero posiblemente, cuando se den cuenta de la verdad, será demasiado tarde.

Hacer el bien y lo que agrada a Dios es importante, pero tampoco es la clave para alcanzar la salvación. Jesucristo es la única respuesta. Gracias a la bondad de Dios, hemos recibido la salvación por medio de la fe. No es esto algo que nosotros mismos hayamos conseguido, sino que nos ha sido dada por Dios. Él nos ama tanto que nos la ofrece sin ningún costo. No es el resultado de nuestras acciones o habilidades, de modo que nadie pueda jactarse de nada. El esfuerzo humano no añade nada al plan de salvación.

La salvación no depende de lo que tú o yo podamos hacer, depende de lo que ya Jesucristo hizo en la cruz del Calvario. El camino de la salvación es Cristo y los que confían en Él alcanzarán la salvación: GRATIS.

¡En Jesucristo hay salvación!

¿Cómo te sientes en relación a tu salvación? Contesta sí o no a las siguientes preguntas sobre el pecado.

_____ 1. Sé que soy pecador y que necesito de la gracia de Dios.

_____ 2. Aunque peque, y me rodee la culpa, en Jesucristo encuentro perdón.

_____ 3. No importa la magnitud de mis pecados, por medio de la sangre de Jesucristo puedo ser limpio.

_____ 4. Estoy seguro de mi salvación si conozco a Jesucristo.

_____ 5. Ser bueno es suficiente para ir al cielo.

Más que vencedores

La salvación es gratis.

Jesucristo murió y resucitó por ti y por mi. Al hacer esto, hizo efectivo el plan de Dios para nuestra salvación. Esta salvación es **un regalo de Dios** y no depende de lo que podamos hacer, sino del gran amor de Él para con nosotros. *Antes ustedes estaban muertos a causa de las maldades y pecados en que vivían, pues seguían los criterios de este mundo y hacían la voluntad de aquel espíritu [Satanás] que domina en el aire y que anima a los que desobedecen a Dios.*

De esa manera vivíamos también todos nosotros en otro tiempo, siguiendo nuestros malos deseos y cumpliendo los caprichos de nuestra naturaleza pecadora y de nuestros pensamientos. A causa de eso merecíamos con toda razón el terrible castigo de Dios, igual que los demás. Pero Dios es tan misericordioso y nos amó con un amor tan grande, que nos dio vida juntamente con Cristo cuando todavía estábamos muertos a causa de nuestros pecados. Por la bondad de Dios han recibido ustedes la salvación (Efesios 2.1-5).

Tengo buenas noticias para ti; la salvación es gratis y si no la tienes, Jesucristo desea que la recibas. Lo único que tienes que hacer es aceptar a Jesucristo como tu Señor y Salvador. Esta es la decisión más grande que puedes hacer como ser humano. Cambiará tu vida aquí en la tierra y te dará entrada en el Reino de Dios. ¡Vida espiritual por la eternidad! A los que rechazan a Jesucristo les espera el terrible castigo del que habla el libro de Efesios. Por endurecer sus corazones no recibirán el mejor regalo del universo.

Si deseas aceptar a Jesucristo, pídele mediante una oración que perdone tus pecados y se vuelva Señor de tu vida. Debes leer la Biblia y asistir a la iglesia para adquirir conocimiento y crecer espiritualmente. Recibirás nueva vida porque: *De modo que si alguno está en Cristo, nueva criatura es; las cosas viejas pasaron; he aquí todas son hechas nuevas* (2 Corintios 5.17, RVR). Descubrir el gran amor de Dios revelado en su amado Hijo Jesucristo es el más grande hallazgo que el ser humano puede lograr. Los que hemos creído en Él, hemos alcanzado la salvación. ¿Estás dispuesto a creer en Él?

Busca en Romanos 10.9 y contesta:

¿Qué alcanzamos cuando reconocemos a Jesucristo con nuestra boca y creemos en Él con el corazón?

_____

_____

_____

_____

_____

Tema de discusión

Jaime cree que merece ir al cielo y que no necesita de Jesús porque él no le hace daño a nadie. "Yo voy a ir al cielo. ¿Por qué no? No soy asesino, ni ladrón, ni delincuente y vivo la vida lo mejor que puedo. Yo no necesito pasar 365 días en la iglesia, y cargar la Biblia debajo de mi brazo para ser salvo". ¿Si Jaime fuera compañero tuyo que le dirías acerca de su salvación y de lo que él piensa?

¿Quieres ser un vencedor?

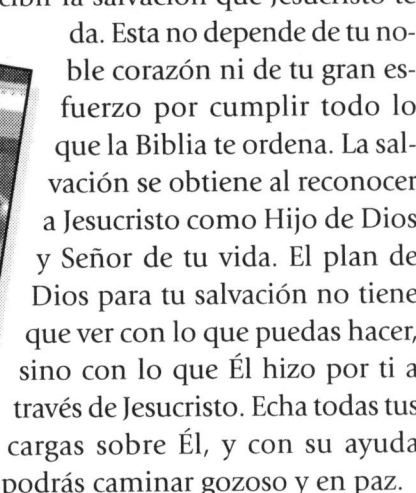

Debes recibir la salvación que Jesucristo te da. Esta no depende de tu noble corazón ni de tu gran esfuerzo por cumplir todo lo que la Biblia te ordena. La salvación se obtiene al reconocer a Jesucristo como Hijo de Dios y Señor de tu vida. El plan de Dios para tu salvación no tiene que ver con lo que puedas hacer, sino con lo que Él hizo por ti a través de Jesucristo. Echa todas tus cargas sobre Él, y con su ayuda podrás caminar gozoso y en paz.

Oremos

Motivos de oración:
Presenta al Señor cualquier carga que estés llevando, y entrégasela a Él, para que Él la lleve.

Señor Jesús, gracias por haberme dado el perdón y la garantía de la vida eterna. Confieso mi fe en ti y te pido por aquellos que no te conocen. Mi esperanza y mi sostén eres tú, ayúdame en todo momento a echar mis cargas sobre ti, pues tu tienes cuidado de mi. Gracias por la salvación de mi alma y el perdón de mis muchos pecados. Deseo servirte, amarte y honrarte al proclamarte como mi Señor y Salvador en todas partes. Con la ayuda de tu Espíritu Santo seré testigo de tu salvación por Jesucristo. Amén.

Capítulo 4

¿Quién sabe dónde?

Lectura bíblica
Romanos 1.18-29; 2 Corintios 4.3-4

Requisitos para ser un vencedor:

- Reconocer las consecuencias que enfrentas al despreciar el amor de Dios.

- Aprender a no menospreciar las enseñanzas de Dios

- Descubrir, en la obediencia a Dios, la clave para una vida victoriosa.

Verdad bíblica

En efecto, desde que el mundo fue creado, claramente se ha podido ver que Él es Dios y que su poder nunca tendrá fin. Por eso los malvados no tienen disculpas (Romanos 1.20b).

Cuenta una antigua leyenda que existía una aldea, en el centro de un inmenso bosque, llamada **"Quién sabe dónde"**. Era una aldea muy especial, pues allí la paz y la felicidad eran parte del diario vivir. En el centro, había un manantial del que brotaba agua pura y cristalina donde todas las personas saciaban su sed.

Pero en las afueras de la aldea, vivía un viejo brujo que odiaba la paz y la felicidad. Una mañana, muy temprano, el malvado enemigo entró a la aldea y derramó su malévola poción mágica en la fuente de agua cristalina.

Los resultados fueron desastrosos, pues como de costumbre los habitantes de la aldea bebieron el agua de la fuente y todos enloquecieron. Cambiaron totalmente haciendo cosas nunca antes vistas. La paz se convirtió en pleito y la felicidad en discordia.

El gobernador advirtió que de algún modo, el malvado brujo tenía que ver con lo que estaba pasando. Descubrió que toda aquella locura se debía al agua, y mandó a poner letreros de advertencia alrededor de la fuente. Pero la gente se burlaba de los letreros y del gobernador. Peor aún, comenzaron a decir que el gobernador estaba loco porque se estaba comportando de manera muy extraña. El gobernador se deprimió mucho al ver que su pueblo había perdido la razón. ¡Todos... todos habían enloquecido!

Sin embargo, un día, por error, el gobernador tomó del agua que estaba contaminada por la malévola poción mágica y también se volvió loco. El pueblo se llenó de alegría cuando lo vio comportándose igual a ellos, porque pensaron que el gobernador había vuelto a la normalidad.

Esta historia imaginaria de **"Quién sabe dónde"** guarda una relación muy estrecha con la realidad que vivimos los cristianos de hoy. Al igual que el gobernador, muchos jóvenes son engañados y cuando caen en el pecado, el mundo los hace ver como "normales", que hacen lo correcto. Recuerda, el pecado es la rebelión contra Dios y sus mandatos.

Dios, en su gran amor, nos ha dado su Palabra (la Biblia) que en la historia representamos con los muchos letreros de advertencia. Pero la humanidad se burla de ellos y le da la espalda a Dios para ir en pos del pecado. Los cristianos somos como el gobernador, que aunque era el único cuerdo, el pueblo lo veía como loco porque no hacía las cosas como ellos. ¿Cuántas veces te ha pasado esto a ti? Amistades o familiares no cristianos se burlan de ti porque no tomas alcohol, o no vas a la discoteca, o tal vez porque le hablas de Jesucristo a otros, en lugar de estar pensando en "divertirte". No te rindas, continúa haciendo lo bueno delante de Dios; tuya es la victoria.

¿Cuáles, de los siguientes atributos, piensas que el mundo considera locura?

___ Integridad	___ Gozo	___ Salvación
___ Santidad	___ Paz	___ Vida Eterna
___ Jesucristo	___ Iglesia	___ Amor a Dios
___ Pecado	___ Perdón	___ Nuevo nacimiento

Satanás, al igual que el brujo de nuestra historia, está lleno de odio y ha diseñado un mecanismo llamado desobediencia, con el cual el hombre y la mujer alcanzan pequeñas dosis de satisfacción momentánea. La desobediencia a Dios, solo trae dolor y destrucción a la humanidad. La Biblia nos advierte claramente las consecuencias de la desobediencia pero la humanidad no hace caso de las señales de peligro.

Recuerda, la desobediencia nos lleva a la muerte espiritual y física: *Porque la paga del pecado es muerte, mas la dádiva de Dios es vida eterna en Cristo Jesús Señor nuestro* (RVR Romanos 6.23). Cuántas personas han perdido sus vidas, y ponen en peligro su salvación por ser desobedientes a Dios. La desobediencia los ha llevado a accidentes, homicidios, suicidios, enfermedades, a la destrucción de sus familias y a la ruina total.

El mundo no quiere conocer a Dios. *En efecto, desde que el mundo fue creado, claramente se ha podido ver que Él es Dios y que su poder nunca tendrá fin. Por eso los malvados (los desobedientes) no tienen disculpa.* (Ojo: aquí está la clave.) *Pues*

aunque han conocido a Dios, no lo han honrado como a Dios ni le han dado gracias. Al contrario, han terminado pensando puras tonterías, y su necia mente se ha quedado a oscuras. Decían que eran sabios, pero se hicieron tontos; porque han cambiado la gloria del Dios inmortal por imágenes del hombre mortal, y hasta por imágenes de aves, cuadrúpedos y reptiles (Véase Romanos 1.20b-23). Sustituir a Dios por otras cosas trae ceguera espiritual. La cual nos lleva a hacer cosas ridículas y dañinas en contra de nosotros mismos.

El mensaje de la muerte de Cristo en la cruz, parece locura a los que se van a la destrucción: pero este mensaje es poder de Dios para los que nos atrevemos a creer en Él. Como cristianos estamos llamados a vivir un modo de vida superior y diferente al que el mundo está acostumbrado.

De esta lista selecciona tres pecados que a tu parecer son los más comunes entre los jóvenes.

____ 1. Fornicación (sexo fuera del matrimonio)

____ 2. Usar drogas

____ 3. Tomar alcohol o fumar cigarrillos

____ 4. Ser rebelde o grosero

____ 5. Decir vulgaridades o cosas obscenas

____ 6. Tener pensamientos de lujuria o lascivia

____ 7. Otros_____

La desobediencia nos aleja de DIOS

Muchos hombres y mujeres, en su desobediencia, hacen lo que quieren y desprecian la sabiduría de Dios, sin darse cuenta del peligro que enfrentan. Se enredan más y más en el pecado de tal manera que cruzan todos los límites, aun los establecidos por su misma conciencia.

Por eso, Dios lo ha abandonado a los impuros deseos que hay en ellos, y han cometido unos con otros acciones vergonzosas. En lugar de la verdad de Dios han buscado la mentira, y han honrado y adorado las cosas creadas por Dios y no a Dios mismo, que las creó y que merece alabanza por siempre. Amén (Romanos 1.24-25).

Por eso, Dios los ha abandonado a pasiones vergonzosas. Hasta sus mujeres han cambiado las relaciones naturales por las que van contra la naturaleza [lesbianismo]; de la misma manera, los hombres han dejado sus relaciones naturales con la mujer y arden en malos deseos los unos por los otros [homosexualismo]. Hombres con hombres cometen acciones vergonzosas, y sufren en su propio cuerpo el castigo merecido por su perversión. (SIDA, Sífilis, Gonorrea y Hepatitis B, son algunos ejemplos.) *Como no quisieron reconocer a Dios, Él los ha abandonado a sus perversos pensamientos, para que hagan lo que no deben* (Romanos 1.26-28).

El problema comienza con la desobediencia, la cual nos va alejando de Dios poco a poco y hace que nuestro corazón se endurezca. Al endurecernos el corazón, ya no somos sensibles al consejo de otros ni a la Palabra de Dios. Nuestra sensibilidad para las cosas de Dios se va perdiendo y sin darnos cuenta le damos la espalda a Dios. Como resultado de nuestra desobediencia, se rompe nuestra comunión con Dios. Ya no existe más el gozo ni la presencia de Dios en nuestra vida.

Como ves, no vale la pena desobedecer solo por unos cortos momentos de placer, ni tampoco por cosas que pudiéramos obtener. El precio a pagar es muy caro.

Contesta Cierto o Falso a las siguientes consecuencias de la desobediencia a Dios.

____ 1. Rompe nuestra comunión con Dios

____ 2. Nos llena de felicidad

____ 3. Perdemos el gozo

____ 4. Sufrimos las consecuencia de nuestro pecado

____ 5. Nos sentimos culpables

____ 6. Satanás se burla de nosotros

____ 7. Nos sentimos orgullosos

____ 8. Lastimamos a otros

Más que vencedores

La Palabra de Dios es verdadera, aunque en algunos momentos podamos crear excusas para no obedecerla. Dios es soberano y su palabra no cambia. Lo que Él ha dicho permanece para siempre. *Y si el evangelio que anunciamos está como cubierto por un velo, lo está solamente para los que se pierden* (los desobedientes). *Pues ellos no creen, el dios de este mundo* (Satanás) *los ha hecho ciegos de entendimiento, para que no vean la brillante luz del evangelio del Cristo glorioso, imagen viva de Dios* (2 Corintios 4.3-4).

En algún momento u otro todos hemos desobedecido al Señor. Mas aunque hayamos fallado, no somos como el mundo que sigue en desobediencia practicando el pecado. Tenemos una hermosa promesa: *Si confesamos nuestros pecados, Él es fiel y justo para perdonar nuestros pecados, y limpiarnos de toda maldad* (1 Juan 1.9, RRV). Podemos vivir una vida santa y agradable a Dios por medio de Jesucristo.

Honra a Dios, pues Él nos perdona y restaura si confesamos nuestra desobediencia y nos apartamos de ella. No seas como el mundo que ignora a Dios, *Pues aunque han conocido a Dios, no lo han honrado como Dios ni le han dado gracias* (Romanos 1.21). Dios es maravilloso, y aunque no le veamos, el mundo y el universo están llenos de sus huellas. Reconoce a Dios en tu vida y hónralo por lo que ha hecho, por lo que está haciendo y por lo que seguirá haciendo por ti.

Rechaza los pensamientos que te llevan a desobedecerlo. Llena tu mente con el mensaje del evangelio. Lee la Biblia, ora diariamente, visita con frecuencia la iglesia, y regocíjate con amistades cristianas. Esto te mantendrá firme, aunque algunos pensamientos de desobediencia pasen por tu mente. No olvides que la Palabra de Dios es absoluta, y solo existe un camino a Dios que es Jesucristo: Él es el camino, la verdad y la vida; nadie llega a Dios si no es por medio de Él (véase Juan 14.6). Los desobedientes enfrentarán las consecuencias del pecado y un decreto de muerte espiritual. Si eres obediente a Dios, te espera una vida próspera de bendiciones, y la vida eterna como recompensa. La victoria consiste en obedecer la Palabra de Dios.

Cierto o Falso

_____ 1. La Palabra de Dios nunca cambia.

_____ 2. Satanás es el dios de este mundo.

_____ 3. Dios no es fiel ni justo.

_____ 4. Jesucristo puede perdonar nuestros pecados.

_____ 5. La oración nos ayuda a vencer la desobediencia.

Tema de Discusión

En la clase, forma varios grupos de aproximadamente cinco personas. Piensen en las consecuencias espirituales, sociales, y físicas que las siguientes cosas podrían traer a la vida de un joven. Un joven de cada grupo leerá la respuesta al resto de la clase.

- Tener relaciones sexuales antes del matrimonio
- Usar drogas o alcohol
- Escuchar música del mundo e ir a la discoteca
- Vivir una vida sin Dios

¿Quieres ser un vencedor?

No permitas que las presiones del mundo te hagan menospreciar las enseñanzas de Dios. Hay paz, gozo, vida, bendición y prosperidad para ti, si te mantienes fiel a Dios y a su palabra. No olvides que Dios nos ha llamado a ser diferentes, y a ser luz en este mundo de oscuridad. Los que desobedecen tienen un precio muy alto que pagar. El que es sabio y prudente, escucha y obedece el buen consejo, pero el necio se encierra más y más en su maldad hasta que esta lo lleva a su muerte física y espiritual.

Oremos:

Motivos de oración:
Pedir a Dios fortaleza para ser obedientes en medio de en un mundo que se hunde en el pecado y la maldad.

Señor, ayúdame a obedecerte porque he descubierto que los desobedientes no van al cielo y enfrentan las consecuencias de su pecado. Señor, dame el espíritu de obediencia que hubo en ti para encontrar la paz y el gozo del Espíritu Santo. Llena mi vida con tu santa gracia, perdona mi desobediencia y santifica todo mi ser. Llena mis pensamientos con tu palabra y permite que mi voluntad se incline a la tuya por medio de Jesucristo, mi Señor. Amén.

Capítulo 5

Vencer mediante la obediencia

Lectura bíblica
Daniel 6.1-28

Requisitos para ser un vencedor:

- Reconocer que la obediencia a Dios es tu arma más poderosa contra Satanás.

- Aprender la importancia de confiar en Dios. Él ha prometido guardar en completa paz a quienes en Él confían.

- Descubrir las bendiciones que recibimos cuando obedecemos a Dios.

Verdad bíblica

No es la fuerza del caballo ni los músculos del hombre lo que más agrada al Señor. A Él le agradan los que lo honran y los que confían en su amor (Salmo 147.10-11).

¿Qué te parecería si luego de terminar tus estudios consiguieras un excelente trabajo con un buen sueldo? Comienzas a triunfar en tu trabajo y el dueño de la empresa decide hacerte gerente general. Esto te daría prestigio, lujo, dinero y poder.

Pero, ¿qué sucedería si para conseguir dicha posición te vieras obligado a desobedecer a Dios, o de lo contrario, perder el trabajo? ¿Estarías dispuesto a ser obediente a Dios sin considerar las aparentes circunstancias que te rodean?

La Biblia nos habla de un joven llamado Daniel que sin tomar en cuenta las circunstancias que lo rodeaban, las cuales estaban a punto de devorarlo, se atrevió a ser obediente y confiar en Dios. En este capítulo veremos cómo la obediencia a Dios es un arma poderosa en contra de nuestro enemigo Satanás.

DIOS CUIDA A LOS QUE LE AMAN

El rey Darío de Persia era el rey más poderoso entre los reyes de su tiempo. Su dominio era tan grande que lo dividió en 120 regiones y nombró un gobernador por cada una de ellas. Además, nombró tres supervisores para vigilar la administración de los gobernadores y las regiones fueron divididas entre los tres. Uno de los supervisores era Daniel, quien pronto se destacó por su gran capacidad. No debemos olvidar que Daniel vivía en tierra extraña, y aun así Dios le dio gracia delante del rey. Por su sabiduría y habilidad, el rey decidió ponerlo al frente del gobierno de la nación. Esto motivó una gran guerra de celos y envidia entre los otros dos supervisores y los gobernadores.

Los recursos de Dios son ilimitados.

Daniel era un joven que amaba a Dios y siempre buscaba la forma de agradarle. Sus enemigos trataron de desacreditarlo, pero no le encontraron falta alguna. Él vivía una vida recta e íntegra y como no podían hacerle daño siguieron buscando cómo destruirlo. En nuestras vidas, el enemigo siempre está planificando destruirnos, pero mientras nos mantengamos obedientes a Dios estaremos protegidos de cualquier ataque.

La maldad es una realidad y el propósito del maligno es destruirte. Como en el caso de Daniel, tal vez otros te están observando para ver qué error cometes y luego burlarse de ti, ya que eres cristiano.

¡Qué poderoso fue el testimonio de Daniel! Ser como este joven debe ser nuestra meta para agradar a Dios y cerrarle las puertas al enemigo en las trampas que nos quiera trazar. La Biblia nos enseña que debemos someternos a Dios (ser obedientes) y resistir al diablo, y huirá de nosotros (véase Santiago 4.7). Aquí esta la clave para vencer al maligno. Aprende a confiar en Dios y a ser obediente a su Palabra. ¡Tú puedes desbaratar los planes de Satanás!

Cierto o Falso
_____ 1. El propósito del maligno es destruirnos.
_____ 2. Podemos vencer a Satanás.
_____ 3. Daniel no era judío.
_____ 4. Ser obediente es hacer nuestra voluntad.
_____ 5. Daniel vivía una vida recta e íntegra.

Ser obediente implica hacer caso a lo que se nos dice y poner en práctica lo que se nos pide. Escuchar los consejos que nuestros pastores nos dan, cumplir con nuestras responsabilidades en la escuela y respetar a nuestros padres, son maneras indirectas de obedecer a Dios.

Dios nos ha dado su PAZ

Es verdad que hacer esto no es fácil, pero puedes ser obediente con agrado y alegrar al Señor, o lo puedes hacer de mala gana y rabioso y darle cabida al enemigo. Algunos jóvenes piensan que lo importante es cumplir con lo que se nos ordena aunque se haga de mala gana. Pero eso no es verdad, tu actitud tiene una participación importante en los resultados. Una actitud negativa jamás logrará lo que obtiene una actitud positiva. No pongas tus ojos en lo complicado del problema, eso sería enfrentarlo con una actitud de derrota. Pon tus ojos en Dios quien es más grande y poderoso que cualquier problema que enfrentes.

Los que aprenden a confiar en Dios, descubren su paz. Jesucristo nos advirtió de los muchos problemas a los que nos enfrentaríamos, pero también nos dijo que lograríamos la victoria por medio de su paz. *Les dejo la paz. Les doy mi paz, pero no se la doy como la dan los que son del mundo. No se angustien ni tengan miedo* (Juan 14.27). Si aprendes a obedecer a Dios, no existe razón por la cual temer al enemigo de Dios.

Los enemigos de Daniel lograron desarrollar un malévolo plan para destruirlo. Este plan consistía en un decreto (una orden) y aquellos que lo desobedecieran serían arrojados al foso de los leones. El decreto ordenaba que durante treinta días nadie podía dirigir una súplica a ningún dios ni hombre, sino solo a su majestad (el rey Darío). Recuerda que el decreto era irrevocable (imposible de anular). Cuando el rey firmó el decreto pensó que quienes lo idearon lo hicieron para alegrar al rey, pero la verdad es que se hizo para destruir a Daniel.

¿Qué podemos hacer para protegernos de las trampas del enemigo? Sencillo, confiar en Dios porque Él nos guarda y protege cuando le honramos y obedecemos su palabra.

¿Cuál es tu actitud?

Delante de cada oración coloca una N si es negativa o una P si es positiva.

_____ a) Hacer las tareas de la escuela.

_____ b) Ir a la Escuela Bíblica.

_____ c) Leer la Biblia.

_____ d) Obedecer a los adultos.

_____ e) Orar.

_____ f) Confiar en Dios, a pesar de los problemas.

Daniel supo que se había firmado este decreto, pero se fue a su casa e hizo lo que acostumbraba hacer tres veces al día: abrir las ventanas de su dormitorio, el cual estaba hacia Jerusalén, arrodillarse para orar y alabar a Dios.

Daniel sabía que el decreto era una abominación a Dios. Era una clara violación del primer mandamiento (véase Éxodo 20:3-6) en el cual Dios claramente advierte que no se levantará ni se adorará a otro dios.

Aunque sabía que le podía costar su vida, se reveló contra aquel decreto satánico que intentaba poner a un hombre por encima de Dios. ¿Te atreverías a hacer lo que hizo Daniel aunque te costara la vida o el trabajo? No es cosa fácil, pero tampoco es imposible. Todo depende de tu compromiso con Dios. ¿No crees que se arriesgó demasiado, y que bien pudo haber cerrado las puertas de la ventana para que nadie lo viera? ¡Cuidado con pensar así!

La Biblia nos enseña que: *Si alguno se avergüenza de mi [Jesucristo] y de mi mensaje delante de esta gente infiel y pecadora, también el Hijo del hombre se avergonzará de él cuando venga con la gloria de su Padre y con los santos ángeles* (Marcos 8.38).

¡Por fin Daniel estaba atrapado! Los enemigos de Daniel no perdieron tiempo y a toda prisa lo delataron al rey y le exigieron que se cumpliera el decreto.

El rey tenía que hacer cumplir la ley. Aunque el rey apreciaba a Daniel y trató por todos los medios de salvarlo, no pudo hacer nada. La aparente realidad declaraba la victoria de los enemigos de Daniel.

Entonces el rey ordenó que trajeran a Daniel y lo echasen al foso de los leones. Pero antes que se cumpliera la sentencia, el rey, muy triste, le dijo: ¡*Que tu Dios, a quien sirves con tanta fidelidad, te salve!* En cuanto Daniel estuvo en el foso, trajeron una piedra y la pusieron sobre la boca del foso. Lo que el rey no sabía es que Dios se agrada de aquellos que en Él confían y ha prometido guardarlos en completa paz. ¡Un milagro estaba a punto de ocurrir!

¿Es Dios una prioridad en tu vida?

¿Quieres saber la respuesta? Al lado de cada espacio escribe cuántas horas a la semana le dedicas a cada actividad.

___ ver televisión	___ hablar con tus amistades
___ leer la Biblia	___ leer revistas
___ orar	___ hablar por teléfono
___ ayunar	___ deportes
___ hacer ejercicio	___ dormir
___ comer	___ estudiar

Al otro día, tan pronto amaneció, el rey se levantó y a toda prisa se dirigió al foso de los leones. ¡Sorpresa! Daniel estaba vivo, Dios había mandado un ángel, el cual cerró la boca de los leones.

LA PAZ DE DIOS ES PODEROSA

La Biblia nos reafirma la importancia de ser obedientes a Dios. *El ángel del Señor protege y salva a los que honran al Señor. Prueben y vean que el Señor es bueno. ¡Feliz el hombre que en Él confía! Honren al Señor, los consagrados a Él, pues nada faltará a los que lo honran* (Salmo 34.7-9).

¡Mira esas sombras! ¿Por qué aparecen y desaparecen?

Lo que parecía ser el fin, resultó ser el principio de las bendiciones que Dios tenía reservadas para Daniel. Fue tan grande el milagro que el rey creyó en Dios, y mandó un escrito a todos los pueblos, naciones y lenguas que habitaban en toda la tierra. Ahora, ante la presencia de Dios, todos tenía que temer.

¿Y qué pasó con Daniel? Pues fue grandemente prosperado. ¡Qué victoria tan maravillosa! No hay duda alguna que el ser obediente trae bendición.

. Sin embargo, los desobedientes sufren el castigo. El rey ordenó que los hombres que habían acusado a Daniel fueran echados, junto con sus esposas e hijos, al foso de los leones. Aun no habían llegado al fondo cuando los leones se lanzaron sobre ellos y los despedazaron. *El que siembra maldad, cosechará calamidades* (Proverbios 22.8).

No importa cuál sea el problema ni la cantidad de leones que tu foso tenga. Dios ha declarado que los que son obedientes a su Palabra, saldrán victoriosos. Isaías, hablando con Dios, le dijo: *Señor, tú conservas en paz a los de carácter firme, porque confían en ti* (Isaías 26.3).

¿Qué cosas hizo Daniel que le ayudaron a alcanzar la victoria sobre el enemigo?

_____ A. Confió completamente en Dios.

_____ B. Decidió ser obediente y fiel aunque le costara la vida.

_____ C. Se echó a llorar porque le tenía miedo a los leones.

_____ D. Oró y alabó a Dios.

_____ E. Insultó y maldijo a quienes injustamente le querían quitar la vida.

_____ F. No comprometió sus creencias por agradar al rey.

Tema de discusión

Sé que no tienes el peligro de que te echen en un foso de leones, sin embargo, a veces nos vemos en situaciones tan difíciles que se pueden comparar con la de Daniel. Tal vez tú estés pasando por una de ellas, o anteriormente hayas vivido una experiencia similar. Lee las siguientes situaciones que están afectando a estos cuatro jóvenes, y piensa qué harías si estuvieras en su lugar:

* Los padres de Jorge asisten a la Iglesia y están pensando divorciarse.
* Están amenazando a los padres de Luisa con echarlos de su casa porque no tienen dinero para pagar la hipoteca.
* Sergio se encuentra en el hospital y le han diagnosticado cáncer.
* Jessy ha tenido un accidente automovilístico y los doctores le han dicho que no volverá a caminar.

¿Quieres ser un vencedor?

¡Obedece a Dios! Él siempre libra del peligro a quienes le obedecen. No fue una casualidad, sino el poder de Dios en acción que destruyó los planes de los enemigos de Daniel. Ser obedientes a Dios no es fácil, pero tampoco es imposible. No dependas de tus habilidades y recursos. Confía en Dios y no en la aparente realidad que estés viviendo. Él te librará de una manera maravillosa.

Oremos

Motivos de oración:
Que Dios nos dé valor
para enfrentar al enemigo y sabiduría
para esperar en Dios.

Amantísimo Padre celestial, pongo mi vida a tus pies en obediencia a tu Palabra. Deseo ser como Daniel, íntegro y fiel a ti en todo. Me regocijo al humillarme ante ti, me dispongo a obedecerte con la ayuda del Espíritu Santo. Ciertamente nada tengo que ofrecerte sino mi obediencia total a tu voluntad. Toma, oh Señor, mi voluntad y hazla tuya para siempre. En el nombre de Jesús, tu amado Hijo. Amén.

¿CUÁN DIFÍCIL ES VOLAR?

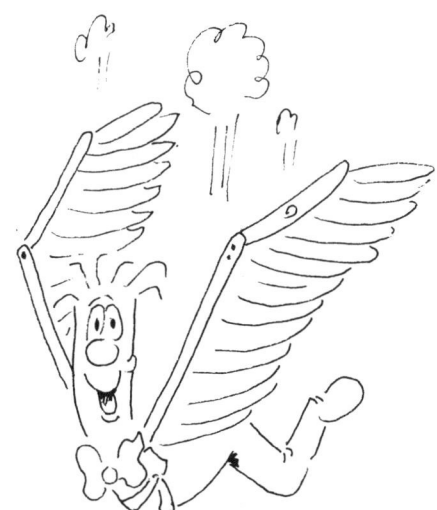

1. Volar es más fácil de lo que pensé.

2. Solo existen dos problemas, ...

3. el volar hacia arriba y...

4.   ...el aterrizar

Él da esfuerzo al cansado, y multiplica las fuerzas al que no tiene ninguna. Los muchachos se fatigan y se cansan, los jóvenes flaquean y caen; pero los que esperan a Dios tendrán nuevas fuerzas; levantaran alas como las águilas; correrán y no se cansarán; caminarán, y no se fatigarán. Isaías 40.29-31 RVR60

Capítulo 6

No te dejes engañar

Lectura bíblica
Génesis 19.1-29

Requisitos para ser un vencedor

- Reconocer que la desobediencia a Dios, tarde o temprano, trae resultados desastrosos.

- Aprender a obedecer y confiar en Dios.

- Descubrir en la obediencia a Dios la absoluta victoria sobre la tentación.

Verdad bíblica

Dichoso el hombre que soporta la prueba con fortaleza, porque al salir aprobado recibirá como premio la vida, que es la corona que Dios ha prometido a los que lo aman (Santiago 1.12).

Imagínate que tú y tu familia tengan que salir, de inmediato, del lugar donde viven porque Dios les habló y les dijo que así lo hicieran. Él ha decidido destruir el lugar por causa de tanta maldad. Además, les advierte que no miren hacia atrás, pase lo que pase.

Quizás no estés totalmente convencido de que Dios va a destruir el lugar, pero por las dudas, saliste junto con tus familiares. Vas caminando y de pronto comienzas a escuchar grandes explosiones a lo lejos. ¡Está ocurriendo lo que Dios te anunció! Ahora la curiosidad te está matando. Lo que está pasando allí debe ser algo espectacular y la tentación de voltearte un instante es cada vez mayor. ¿Qué harías? ¿Cuál sería tu reacción?

OBEDECER A MEDIAS ES IGUAL QUE DESOBEDECER

La Biblia nos relata un suceso parecido al que acabas de leer. Ocurrió en una ciudad corrompida por la maldad. En esta ciudad vivía una familia que se salvó de la destrucción porque obedecieron y confiaron en Dios. Pero no se salvaron todos los miembros de la familia.

Dice la Biblia que Lot y su familia salieron de Sodoma, una ciudad llena de maldad y pecado. En esta ciudad no había moral alguna, no se respetaba a los demás ni se cumplían las leyes. Todos, desde el más pequeño hasta el más viejo, se habían corrompido tanto que su maldad subió delante del trono de Dios.

Dios envió dos ángeles para salvar a Lot y su familia del terrible juicio que Él iba a mandar sobre la ciudad para destruirla. Las instrucciones decían que salieran rápidamente y no miraran hacia atrás. Ellos obedecieron a los ángeles y salieron apresuradamente de la ciudad. Pero la mujer de Lot, que venía siguiéndole, escuchó el estruendo que provenía de la ciudad y miró hacia atrás, quedándose al instante convertida en una estatua de sal (véase Génesis 19.26). ¿Cuál fue el problema? La desobediencia a Dios.

No entiendo por qué esa vela puede ser peligrosa.

La mujer de Lot obedeció la orden de salir de la ciudad, pero desobedeció a Dios cuando miró hacia atrás. Tal vez ella pensó que estando fuera de la ciudad, estaba a salvo. Es posible que haya pensado: "¿Qué tiene de malo echar un vistazo para ver a Sodoma?" Obviamente este fue un error fatal y le costó la vida. La vida cristiana es un tanto similar a esta experiencia de la esposa de Lot. La curiosidad fuera de la voluntad de Dios es peligrosa. Todo aquel que se deja dislumbrar por los placeres que el mundo ofrece, pone en peligro su relación con Dios. No te dejes engañar; la obediencia a Dios no tiene términos medios.

¿Estás tentado a hacer algunas de estas cosas?			
Situaciones	*Mucha veces*	*Algunas veces*	*Nunca*
Decir mentiras	❑	❑	❑
Usar drogas, fumar, tomar alcohol	❑	❑	❑
Ver pornografía	❑	❑	❑
Desobedecer a tus padres	❑	❑	❑
Negar que eres cristiano	❑	❑	❑

Ten cuidado, no vaya a pasarte lo que le ocurrió a la mujer de Lot. Posiblemente no te conviertas en una estatua de sal, pero por desobedecer a Dios perderás las bendiciones y promesas que Él tiene para tu vida. Ten mucho cuidado de no caer en la trampa del enemigo. No pienses que puedes jugar con Dios: obedeciéndoie un día y otro no. La verdadera sabiduría consiste en obedecer a Dios y confiar en Él.

¡Cuidado! La mujer de Lot fue obediente, salió de su casa y el Señor no la mató cuando destruyó a Sodoma. Pero luego la curiosidad la hizo desobedecer a Dios y a pesar de las advertencias, miró atrás. Estoy seguro que siendo joven, como eres, tú también tienes curiosidad acerca de diferentes cosas.

Dios nos dio curiosidad para que nos interesemos por las cosas, para que exploremos nuestro ambiente y para que podamos aprender con interés. De igual forma Dios nos dio su Palabra para poner límite a nuestra curiosidad, ya que existen cosas que son dañinas y destructivas para nosotros. Tu curiosidad, en obediencia a Dios, puede servir para conocer más a Dios y a su Palabra. La curiosidad es hermana de la imaginación, y juntas pueden hacer grandes cosas que glorifiquen a Dios.

Fuera de la voluntad de Dios, la curiosidad puede ser un arma poderosa en las manos del enemigo para usarla en contra tuya. Muchos jóvenes se involucran en relaciones sexuales, drogas, alcohol y otros pecados, solamente por curiosidad. Quieren ver qué se siente o qué pasa al practicar tales cosas, ¿y cuál es el resultado? Quedan atrapados, adictos, destruidos y frustrados, por haberle dado rienda suelta a su curiosidad. No dejes que por tu curiosidad te enganchen en el anzuelo del pecado. Sé sabio y prudente; escucha la Palabra de Dios. En ella hay vida, paz y gozo. La sabiduría de Dios sobrepasa nuestro entendimiento. Y si la buscamos, tendremos vidas prósperas y bendecidas.

En Jesucristo somos más que VENCEDORES

Cierto o Falso

_____ 1. La mujer de Lot obedeció a medias.

_____ 2. La curiosidad fuera de la voluntad de Dios es peligrosa.

_____ 3. La mujer de Lot pudo vencer la curiosidad.

El enemigo sabe que como joven cristiano tienes un potencial increíble, que puedes causarle grandes daños a su reino de tinieblas. Él tratará por todos los medios posibles de destruir tus sueños y metas. Conoce muy bien que esas metas y sueños rendidos a los pies de Jesucristo pueden traer cambios en el lugar donde vives y sus alrededores.

Dios te ama

Tú eres alguien muy importante para Dios, por tal razón Satanás te odia. Su principal objetivo es destruirte, pero no podrá derrotarte si tú tienes la protección de Dios. *El que vive bajo la sombra protectora del Altísimo y Todopoderoso, dice al Señor: "Tú eres mi refugio, mi castillo, ¡mi Dios, en quién confío!"* (Salmo 91.1-2).

Si el enemigo no puede derrotarte, ¿cómo planea vencerte? ¡Sencillo! A través del engaño. Él sabe que no te puede derrotar, pero te puede engañar para que tú mismo te derrotes. La única manera de derrotarte es separándote de Dios. Lo primero que hará es confundirte y hacerte desear lo que no debes. Satanás es un sucio mentiroso. Hacer lo que todos sugieren trae como consecuencia la desobediencia a Dios. Cuando esto ocurre nos alejamos de Él y sin darnos cuenta entramos en territorio del enemigo.

Cuando entramos en su territorio es casi imposible para el hombre escapar de las garras de Satanás. Él te tiene atrapado con el engaño y te hace pensar que Dios jamás podrá perdonarte.

Es fácil encontrar el camino cuando seguimos una señal correcta.

Pero, ¿cómo puede perdonarte Dios? ¡Tengo buenas noticias! Dios nos ha dado una puerta de escape que se llama Jesucristo. Él venció a Satanás en la cruz del calvario y esa victoria es tuya, lo único que tienes hacer es aceptar a Jesucristo como tu Señor y Salvador. El que desobedece se aparta de la voluntad de Dios y el resultado directo es el pecado; y el pecado trae consigo la destrucción. ¡No te dejes engañar!

Pareo

a) Cruz del calvario b) Desobedecer c) Engaño d) Satanás e) Pecado

____ 1. Te odia porque Dios te ama.

____ 2. Trae consigo la destrucción.

____ 3. Apartarte de la voluntad de Dios.

____ 4. Lugar donde fue derrotado Satanás.

____ 5. Estrategia que Satanás usa.

Jesucristo es el único antídoto contra el veneno del pecado. Hay muchos jóvenes que rechazan a Jesucristo, piensan que no lo necesitan porque son muy buenos. Para ellos, Jesucristo significa aburrimiento, y sin darse cuenta se alejan de Dios buscando desesperadamente lo que consideran felicidad. *De estos malos deseos nace el pecado; y del pecado, cuando llega a su completo desarrollo, nace la muerte* (Santiago 1.15). Solo en Jesucristo podrás encontrar la verdadera felicidad.

Como joven vas a pasar momentos en los cuales pienses que es imposible

Podemos vencer la TENTACIÓN

mantenerse firme ante la tentación. ¡No te dejes engañar! Tú sí puedes vencer la tentación. Con la ayuda del Espíritu Santo, la confianza en la Palabra de Dios y por medio de la oración, lo lograrás. Solo aquellos que aprenden a obedecer a Dios y confiar en su palabra logran alcanzar total y absoluta victoria sobre las tentaciones, las dudas, los engaños y los desaciertos del pecado.

Como joven, es importante que entiendas que existen en nosotros malos deseos que no le agradan a Dios. Estos malos deseos provienen de nuestra naturaleza pecadora y no tienen nada que ver con Satanás, pero él los usa a su favor. El enemigo es muy astuto y combina sus mentiras con tu naturaleza pecadora para así obtener otra víctima. Tú puedes derrotar esos malos deseos y desactivar cualquier influencia que el enemigo tenga sobre ti.

La mejor estrategia para derrotar el pecado es no dejarle espacio a nuestros malos deseos. Más efectivo aun es llenar nuestra mente con la Palabra de Dios. No te sientas culpable porque vengan pensamientos negativos a tu mente; el problema no es tener esos pensamientos, el problema es alojarlos en tu mente dándole lugar al pecado. Aprende a ser selectivo con los programas de televisión, la música, las amistades, los libros o revistas y las películas del cine. Porque si te descuidas pueden llevarte a la destrucción. Comprométete contigo mismo en buscar más del Señor en oración, ayuno, mediante la lectura de su Palabra, asistiendo a la iglesia y relacionándote con jóvenes que sirven a Dios.

Esfuérzate para obedecer los mandamientos que Dios te ha dado y para mantenerte fiel aunque seas tentado. Esto te ayudará a evitar muchos problemas en tu vida. Los que confían en Dios y le obedecen, encuentran la verdadera felicidad. Jesucristo te ha dado la victoria. ¿Te atreves a reclamarla?

Cierto o Falso

_____ 1. Podemos vencer la tentación.

_____ 2. Satanás no nos puede engañar.

_____ 3. La Biblia no habla del pecado.

_____ 4. Somos tentados por nuestros malos deseos.

_____ 5. Si obedeces a Dios vences a Satanás.

Tema de discusión

En la clase, formen varios grupos de aproximadamente cinco personas. Lean los siguientes casos y basándose en la lección, piensen qué pueden hacer esos jóvenes para vencer las tentaciones que enfrentan. Una persona del grupo informará al resto de la clase la respuesta de su grupo.

1. Oscar desea evitar pensamientos de lujuria cuando ve a una joven bonita, pero se le hace muy difícil. Él ve películas clasificadas "R" y le fascina ver la televisión.

2. María pertenece a un grupo muy popular de su escuela. Dice malas palabras, escucha música secular y ha comenzado a fumar, ya que los del grupo lo hacen también. Ella asiste a la iglesia y no se siente bien haciendo todo esto, pero no sabe qué hacer.

3. Roberto asiste fielmente a la Iglesia, pero se está enamorando de una joven en su escuela que no es cristiana. Ella tiene fama de ser "fácil" y algunos de sus amigos lo están animando para que la conquiste. Él se ha mantenido puro ante el Señor, mas se siente tentado a invitarla a salir.

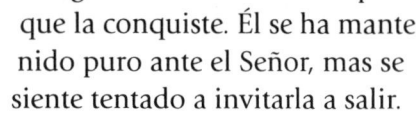

¿Quieres ser un vencedor?

Cuidado con darle cabida al enemigo, alimentando tus malos deseos por medio de lo que oyes, miras, tocas, pruebas y hueles. No te dejes engañar, ni permitas que tu curiosidad te involucre en el pecado. Llena tu vida de Jesucristo y Él cumplirá los deseos de tu corazón.

Oremos

Motivos de oración:
Que Dios me de fuerzas
para renunciar a las cosas
que alimentan mis malos deseos.

Señor, te pido perdón por las áreas en las cuales te he fallado. Ayúdame a permanecer firme ante la tentación, y a no alimentar los malos deseos que me alejan de ti. Quiero reafirmar mi fe, rededicar mi vida y renovar mi pacto de fe en tu Palabra. Confío y creo en ti. Por fe declaro que soy "más que vencedor". Gracias Señor. Amén.

Capítulo 7

No existe, es feo y es rojo

Lectura bíblica

1 Juan 3.7-8; Santiago 4.6-7; 2 Corintios 11.14-15

Requisitos para ser un vencedor

- Reconocer que Satanás solo va a llegar hasta donde tú se lo permitas.
- Aprender a resistir los engaños de Satanás.
- Descubrir que Satanás está derrotado, Jesucristo lo venció.

Verdad bíblica

Dios se opone a los orgullosos, pero trata con bondad a los humildes. Sométanse, pues, a Dios. Resistan al diablo, y este huirá de ustedes (Santiago 4.6b-7).

La maldad es real. Las noticias parecen una lista de todo tipo de robos, asesinatos, homicidios, abortos, maltratos, explosiones y otros actos procedentes de la misma raíz: la maldad.

Esta maldad tiene su origen en un ser cuya intención y deseo es engañar y destruir a la humanidad. Este ser es Satanás, y tiene muchas huestes de demonios a su servicio. De igual manera que Dios y el Señor Jesucristo son reales, este enemigo es real. Está lleno de maldad, odio y envidia y su objetivo es destruirnos. Odia especialmente a los que seguimos a Jesucristo porque ya no pertenecemos a su dominio, y conocemos la verdad.

Satanás está derrotado, JESUCRISTO LO VENCIÓ

Es necesario que, como guerrero espiritual, conozcas a tu adversario. De esta manera sabrás qué hacer cuando trate de engañarte o tentarte para que desobedezcas a Dios. Lo primero que debes saber es que Jesucristo lo derrotó en la cruz. Pero aunque es un enemigo derrotado, no deja de ser peligroso. Él solo puede llegar hasta donde tú se lo permitas. No te dejes atrapar por sus mentiras.

De todas las mentiras que Satanás usa, hay tres que se distinguen: no existe, es feo y es rojo. La primera de ellas *No existe* parece inofensiva, pero es peligrosísima. En la actualidad, muchas personas creen que Satanás no existe. En este grupo se encuentran también algunos jóvenes que quieren buscar a Dios, pero piensan que Satanás no es real.

El mundo de hoy se burla de los que dicen que el diablo es real. Muchos piensan que esto es un invento antiguo que se usó para meterle miedo a las personas y así, evitar que hicieran lo malo. Pero la realidad es que sí existe. Jesucristo se enfrentó a Satanás y sus demonios muchas veces. Él intentó hacer pecar y matar a Jesucristo, pero no pudo (véase Mateo 4:1-11). Hasta que por fin, Jesús lo derrotó en la cruz del Calvario.

En 1 Juan 3:8 dice: *Pero el que practica el pecado es del diablo, porque el diablo peca desde el principio. Precisamente para esto ha venido el Hijo de Dios, para deshacer lo hecho por el diablo.*

Él quiere que pienses que no existe para que te descuides y así vencerte con facilidad. Recuerda que no hay enemigo más peligroso que el que se ignora. Si Jesucristo, siendo el Hijo de Dios, estaba atento a los engaños, trampas y ataques del enemigo, ¿cuánto más nosotros? No te dejes engañar.

¿Cierto o Falso?

_____ A. Satanás desea que todo me salga bien y vaya al cielo

_____ B. El diablo hace que yo peque

_____ C. Jesucristo venció totalmente al diablo

_____ D. Las tentaciones del diablo son imposibles de resistir

_____ E. Debo resistir al diablo, y él huirá de mi

_____ F. Satanás no tiene ningún control sobre los cristianos

_____ G. El diablo es feo y nos asusta

_____ H. Jesucristo me ha dado autoridad sobre el enemigo

_____ I. El diablo se viste como ángel de luz para engañarnos

¡CUIDADO CON LAS APARIENCIAS!

La segunda mentira que Satanás quiere que las personas crean es que es feo. Un ser horrible, que se reconoce fácilmente. Muchas personas asocian al enemigo con un monstruo, o con pecados y actos de inmoralidad terribles. Aunque esto pudiera tener cierta validez, la realidad es que Satanás se disfraza de ángel de luz (es decir, las cosas que nos agradan) y nos destruye sin que nos demos cuenta.

¿Sabes lo que dice la Biblia? *Y esto no es nada raro, ya que Satanás mismo se disfraza de ángel de luz; por eso resulta muy natural que sus servidores pretenden aparecer como defensores de la justicia. ¡Pero habrán de terminar como sus hechos merecen!* (2 Corintios 11.14-15). Con esta mentira Satanás desea que nos concentremos en reaccionar solo cuando veamos al "feo" y así nos descuidaremos. Muchas personas están siendo engañadas ya que piensan que todo lo que tiene que ver con Satanás es feo.

¿Estás seguro de que este collar me dará buena suerte?

Él es un engañador tan astuto, que hay mucha gente practicando brujería, idolatría, espiritismo y astrología sin darse cuenta de ello. Estas cosas son pecado y abominación a Dios. Son cosas que le rinden culto (servicio) a Satanás. Te preguntarás cómo puede ser esto. Pues es muy sencillo, Satanás ha disfrazado todas estas cosas como buenas y beneficiosas para las personas.

Piensa en los programas de televisión que anuncian y promueven programas síquicos, de astrología o de suerte. Además, en las tiendas hay productos a la venta como cristales, pulseras y medallas que sirven de amuletos con supuestos poderes o energía. Estos prometen salud, bienestar, amor y una vida feliz. En realidad, solo sirven para explotar a las personas, y quienes se involucran en estas cosas le están abriendo la puerta a Satanás y sus demonios para que gobiernen sus vidas. De igual manera la música mundana, las películas de videos, los juegos de videos, y algunas camisetas impresas son algunas de las cosas que están minadas con la influencia Satánica. Pero el enemigo lo presenta tan bonito que las personas no lo reconocen y caen el la trampa. ¡Cuidado con las apariencias!

Busca los siguientes versículos y analiza lo que Dios dice sobre las siguientes prácticas.

A. Consultar con espíritus o adivinos "síquicos" (Levíticos 19.31).

B. Hacer encantos o consultar con muertos (Deuteronomio 18.11-13).

C. Recurrir a los ídolos (Levítico 19.4).

D. Venerar imágenes (Isaías 42.8, Salmos 115.4-8).

Alguien preguntó: ¿Y cómo es Satanás?, a lo que otro contestó: "viste siempre de rojo, tiene barba muy afilada, tiene cuernos, una cola con una punta de flecha al final y usa un tridente". En los programas de televisión con frecuencia se ven actores interpretando a este personaje de una forma chistosa. Aun en fiesta de disfraces o en la fiesta de las brujas (Halloween) es común ver a personas disfrazados de esta forma.

¡La manzana! ¿Qué manzana?

Esta es la tercera mentira que Satanás desea que las personas crean: existe, pero es inofensivo. Sí, puede que tal vez te sugiera hacer alguna travesura o quizás se pare en tu hombro como figura miniatura y te haga alguna sugerencia alocada, pero eso es todo. ¡Mentira! No creas esta falsedad. Él no es inofensivo, y quiere la destrucción completa de la humanidad. Sus intenciones son alejar a las personas de Dios.

Tuya es la victoria

La Biblia nos advierte *Sed sobrios, y velad; porque vuestro adversario el diablo, como león rugiente, anda alrededor buscando a quien devorar; al cual resistid firmes en la fe* (1 Pedro 5:8-9 RVR). El enemigo de Dios lo único que desea es destruirte, y ha preparado la trampa (el pecado) para atraparte. Como hemos ya mencionado, muchas de sus trampas son sutiles, así que debes tener cuidado de no caer en ellas.

Ten paciencia y aprende a confiar en Dios porque Él cuida y protege a los que confían en Él. Si comienzas a buscar más de Dios, ¿podrás vencer las tentaciones y engaños de Satanás? ¡Sí! El enemigo podrá atacarte con más ruido, pero eso no implica que te pueda hacer daño. Si tú no estás firmemente agarrado a Jesucristo, el enemigo te podrá confundir y derrotar. La Biblia nos enseña que el diablo huirá de nosotros, si reconocemos que no tiene poder para hacernos daño y resistimos todos sus engaños. ¡Huirá asustado de nosotros y la victoria será tuya!

Busca tu Biblia y haz el siguiente pareo.

___ Lucas 10.19   a) Considerado el príncipe de este mundo

___ Juan 12.31   b) Tenemos autoridad sobre toda fuerza del enemigo

___ 1 Co 10.13   c) Ciega el entendimiento de los incrédulos

___ Ef 6.11   d) Es homicida, engañoso y padre de la mentira

___ Juan 8.44   e) Sometiéndonos a Dios, y resistiéndole, huye de nosotros

___ Ef 6.12   f) Está en guerra en contra de los que buscan a Dios

___ 2 Co 4.4   g) Con la armadura de Dios lo podemos resistir

___ Stg 4.7   h) Podemos resistir sus tentaciones

Al hablar de Satanás, Jesús dijo: *El ladrón viene solamente para robar, matar y destruir; pero yo he venido para que tengan vida, y para que la tengan en abundancia* (Juan 10.10). ¿Cómo puedes saber si Satanás existe? Fácil, comienza a buscar más de las cosas de Dios y a llenar tu vida de su palabra. Te aseguro que Satanás se pondrá furioso porque sabe que comenzará a perder control sobre aquellos que deciden creer a Jesucristo. Él tratará de hacer mucho ruido para distraer tu atención y alejarte de Dios. Estos ruidos pueden ser problemas económicos, de salud o cualquier otra situación que te robe la confianza en Dios. No te dejes engañar, su único objetivo es separarte de Dios.

Jesucristo nos ha dado la victoria

La mentira es el arma preferida de Satanás y con ella tiene atrapada a millones de seres humanos. ¿Quieres destruir la trampa del enemigo? La Biblia nos exhorta: *No amen al mundo, ni lo que hay en el mundo. Si alguno ama al mundo, no ama al Padre; porque nada de lo que el mundo ofrece viene del Padre, sino del mundo mismo. Y esto es lo que el mundo ofrece: los malos deseos de la naturaleza humana, el deseo de poseer lo que agrada a los ojos y el orgullo de las riquezas. Pero el mundo se va acabando, con todos sus malos deseos; en cambio, el que hace la voluntad de Dios vive para siempre* (1 Juan 2.15-17). Satanás es real, él odia a muerte al hombre y la mujer. La razón de ese odio es la envidia y los celos. Él no puede aceptar que el hombre reciba la salvación y vida eterna a través de Jesucristo. Pero no tengas miedo porque Dios ha prometido cuidarte. Por medio de Jesucristo somos más que vencedores. ¡El enemigo está derrotado!

Recuerda siempre: *Manténte despierto y firme en la fe. Tengan mucho valor y firmeza. Y todo lo que hagan, háganlo con amor* (1 Corintios 16.13-14). *Sométanse, pues, a Dios. Resistan al diablo, y este huirá de ustedes* (Santiago 4.7). El enemigo está derrotado y no tiene ningún poder sobre nuestra vida.

Por causa de la victoria de Jesucristo en la cruz, Satanás fue derrotado para siempre. El hombre que no tiene a Cristo en su vida es un esclavo inconsciente de Satanás, pero una vez liberado del poder de las tinieblas es declarado Hijo de Dios. ¡En Jesucristo tú eres más que vencedor!

Cinco cosas que te garantizan la victoria sobre Satanás.

1. Obedecer y créer la palabra de Dios.
2. Mantener una vida limpia de pecado.
3. Tener comunión diaria con Jesucristo.
4. Orar constantemente.
5. Usar la autoridad que Jesucristo nos ha dado.

Una de las formas de ser un guerrero espiritual exitoso es poder discernir las trampas o ataques del enemigo para no caer en ellas. Satanás, disfrazado como ángel de luz, intentará influenciarte de muchas maneras sin que te des cuenta. Una forma de evitar esto es preguntarte. ¿Agrada esto a Dios? Si te hicieras esta pregunta, ¿qué valor del 1 al 100 pondrías a cada categoría? Piensa que 100 es el equivalente a la voluntad de Dios y 1 la voluntad tuya o la del mundo.

1. La ropa que compro:_____
2. La música que escucho en la radio:_____
3. Los casetes de música que compro:_____
4. Las películas de video que alquilo:_____
5. Los juegos de video que me gustan:_____
6. Las películas que veo en el cine:_____

¿Quieres ser un vencedor?

Manténte alerta y no te dejes engañar por las mentiras de Satanás. Él es real y muy peligroso, su objetivo es destruirte. Pero si llenas tu mente de todo lo positivo de Jesucristo, vencerás cualquier ataque del enemigo. Dios ha prometido cuidar y proteger a todos los que en Él confían. ¡Dios siempre cumple lo que promete!

Oremos

Motivos de oración:
Orar dando gracias a Dios
por la victoria total que Jesucristo nos dio
sobre el enemigo. Y para que podamos reconocer
el poder y la autoridad que tenemos
sobre el enemigo.

Bendito Padre Celestial, gracias por ser tu hijo. Hazme un vencedor contra las asechanzas, las trampas y tentaciones del enemigo. Señor, en ti deposito toda mi fe, porque sé que tu has derrotado completamente al enemigo, y en ti soy más que vencedor. Mi vida consagro a tu servicio, y te doy gracias por la victoria que me has dado. En el nombre de Jesucristo. Amén.

Capítulo 8

¿A quién creer?

Lectura bíblica
Romanos 2.7-8; 1 Juan 5.1-5; 1 Juan 4.16-18; Filipenses 4.12-14

Requisitos para ser un vencedor

- Reconocer que Satanás es un mentiroso y un engañador.
- Aprender a no dejarte engañar por Satanás.
- Descubrir en Jesucristo la clave para vencer a Satanás.

Verdad bíblica

El que cree en el Hijo [Jesucristo], tiene vida eterna; pero el que no quiere creer en el Hijo no tendrá esa vida, sino que recibirá el terrible castigo de Dios (Juan 3.36).

El arma más poderosa que tiene Satanás es la mentira. Con ella ha mantenido engañada a más de la mitad de la población del mundo.

Una de las mentiras favoritas es el temor. Él sabe que el miedo paraliza al hombre y a la mujer. Una persona con miedo jamás podrá alcanzar la victoria que Dios le tiene preparada. Dios nos ha prometido que si damos el primer paso, Él nos sostendrá. *Pidan, y Dios les dará; busquen, y encontrarán; llamen a la puerta, y se les abrirá. Porque el que pide, recibe; y el que busca, encuentra; y al que llama a la puerta, se le abre* (Mateo 7.7-8). De la única manera que el enemigo puede apartarte de la bendición de Dios es engañándote para que tú mismo te apartes de Dios.

Imagínate que alguien en quien tú confías y sabes que desea lo mejor para ti, te dijera: "Tengo una gran fiesta y tú eres el invitado de honor. Todo lo que hay en la fiesta es tuyo. Lo único que tienes que hacer es llegar y tomarlo". Pero hay una condición muy simple, si la logras, obtendrás la victoria y la recompensa.

Esta persona en quien tú confías te lleva a una vereda (camino), y te dice: "Quiero que comiences a caminar hacia adelante sin desviarte del camino. No es un camino fácil, y habrán momentos en los cuales pasarás por lugares oscuros y solitarios. Al final del camino te estaré esperando para celebrar la gran fiesta de tu victoria. Ahora, tus ojos físicos pueden ver el camino, mas vendrán momentos en los cuales no verás nada. Pero debes seguir, hasta llegar a la meta".

Pon tu vida en las manos de Dios.

Comienzas a caminar, y según avanzas, el camino se va volviendo oscuro. Escuchas a lo lejos un leve, pero extraño ruido. Mientras más avanzas, más cerca y fuerte se escuchan los extraños sonidos. Aumentan en intensidad a cada paso que das. Son diferentes sonidos, pero al unirse se convierten en un ruido aterrador. ¿Continuarás caminando? ¿Regresarás? ¿Qué harás?

¿Sabes?, la vida del cristiano es igual que esta historia. Jesucristo nos ha pedido que sigamos sus pasos y caminemos por el camino del evangelio; si lo hacemos, al final nos esperan grandes recompensas y la vida eterna. Satanás sabe esto muy bien y es por esto que manda pensamientos de temor a nuestra mente y nos hace creer que las cosas son peores de lo que parecen. De esta manera debilita nuestra fe. Como resultado, llegamos a tomar decisiones desesperadas y equivocadas, que nos llevan a pecar y a separarnos de Dios. Esfuérzate en confiar en Jesucristo y vencerás todo temor.

Marca cuál de estos temores has experimentado como joven.

___ No saber qué será de mi vida en el futuro
___ Relacionarme con el sexo opuesto
___ No ser aceptado(a) por los demás
___ No ser físicamente atractivo(a)
___ Salir mal en los estudios
___ Estar solo y sin apoyo
___ Estar pasada de peso
___ No ser popular

¿Qué harás? ¿Seguir hacia adelante a pesar de ese ruido infernal que te tiene aterrorizado, o darás la vuelta para regresar? El enemigo sabe que la única manera de destruirte es apartándote de Dios. Porque mientras estés unido a Dios, Satanás está derrotado. Analiza qué le ocurrió a David, cuando se enfrentó con el gigante Goliat siendo un jovencito: Ya estaba frente a él cuando se dio cuenta que era mucho más grande y más fuerte de lo que parecía desde lejos.

¿Qué harías en su lugar? ¿Huirías o le harías frente? David le dijo al terrible gigante del ejército enemigo llamado Goliat: *Tú vienes contra mí con espada, lanza y jabalina, pero yo voy contra ti en nombre del Señor todopoderoso* (véase 1 Samuel 17.45). Ahí está la clave de cualquier victoria en la vida de un cristiano. **Confiar en Dios en todo momento y circunstancia.** ¡David derrotó al invencible gigante!

No te lamentes de tu situación ni de tu limitación, aprende simplemente a ponerlas en las manos de Jesucristo y pacientemente espera en Él, porque Él hará. Aleja los pensamientos de temor de tu mente, y confía en su Palabra. El Apóstol Pablo entendía esto muy bien al escribir: *Sé lo que es vivir en la pobreza, y también lo que es vivir en la abundancia. He aprendido a hacer frente a cualquier situación, lo mismo a estar satisfecho que a tener hambre, a tener de sobra que a no tener nada. A todo puedo hacerle frente, gracias a Cristo que me fortalece* (Filipenses 4.12-14).

No importa los ruidos ni los gigantes que surjan en tu camino, si has puesto tu confianza en Jesucristo, tuya es la victoria. Es muy posible que en tu vida los ruidos se traduzcan como limitaciones económicas, problemas sociales, limitaciones físicas, crisis en el hogar o cualquier otra situación que te esté gritando: "Tú, no puedes", "Esto no tiene solución", "Eres un caso perdido", o tal vez "Eso no es para ti". Te tengo buenas noticias: Puedes enfrentar cualquier Goliat (problemas) y vencerlo, si Jesucristo está contigo.

Cierto o Falso

_____ 1. Si nos separamos de Dios estamos vencidos.

_____ 2. Satanás está vencido.

_____ 3. Nuestra limitación es buena excusa para el fracaso.

_____ 4. En Jesucristo tengo el poder para vencer todo tipo de problema.

_____ 5. Puedo hacer frente a todo, pues Cristo es quien me sostiene.

Donde hay amor no hay miedo

Volviendo a nuestro ejemplo inicial. Todavía te encuentras indeciso. Si caminas hacia delante, los ruidos extraños aumentan, y si regresas, disminuyen. ¿Qué hacer? En medio de tus dudas recuerda las palabras de esa persona en quien confías: "Al final del camino te estaré esperando para celebrar la gran fiesta de tu victoria". Posiblemente algún día puedas estar en una situación parecida: indeciso, sin saber a dónde ir.

La lógica te dice que no sigas porque es peligroso, pero tu fe en Jesucristo te dice que continúes hacia adelante, aunque el panorama sea aterrador. Si aprendemos a confiar en Jesucristo, Él nos prepara poderosamente en contra del temor dándonos tres armas. Estas armas son: poder, amor y dominio propio.

La Biblia nos confirma esto: *Porque no nos ha dado Dios espíritu de cobardía [temor], sino de poder, de amor y de dominio propio* (véase 2 Timoteo 1.7 RVR). Si en verdad has creído en Jesucristo, olvídate de tus limitaciones; lo poco o mucho que tengas colócalo en las manos de Él. Si Jesucristo te dijo que siguieras hacia adelante, hazlo, a pesar de los ruidos y los obstáculos que se presenten. Él te hará triunfar sobre ellos.

¿Por qué tienes miedo?
No te das cuenta que es inofensivo?

Demuestra tu amor por Dios a través de la obediencia. *El amar a Dios consiste en obedecer sus mandamientos; y sus mandamientos no son una carga, porque todo el que es hijo de Dios vence al mundo. Y nuestra fe nos ha dado la victoria sobre el mundo. El que cree que Jesús es el Hijo de Dios, vence el mundo* (1 Juan 5.3-5).

Satanás es un mentiroso. Sabe que si logra engañarte, te apartará de las bendiciones que Dios tiene para ti, y mientras más te alejes de Dios, más difícil se te hará volver. Esfuérzate en creer en Dios. Él nos ha prometido la victoria a todos los que creemos en Él. ¡Él siempre cumple lo que promete!

Cierto o Falso

_____ 1. Amar a Dios incluye obedecer sus mandamientos.

_____ 2. Debemos depender de nuestros sentidos.

_____ 3. Jesucristo puede usar nuestras limitaciones para darnos la victoria.

_____ 4. Los que creen que Jesús es el Hijo de Dios, vencen al mundo.

_____ 5. La duda es parte esencial de los que confían en Dios.

Finalizando con nuestro ejemplo, todavía estás aterrorizado por los ruidos de aquel lugar oscuro. No puedes ver a tu alrededor, pero tu imaginación te traiciona creando monstruos que en realidad no existen. ¿Qué pasaría si de pronto aquel lugar fuera iluminado y

Nuestra fe nos ha dado ¡la victoria!

pudieras darte cuenta que estás dentro de un zoológico? Los ruidos que te aterrorizaban pertenecen a miles de animales que están encerrados y no pueden hacerte daño. ¿Todavía tienes miedo? ¡Claro que no! Ahora sabes que no hay razón para tener miedo.

Dios nos ha preparado una gran fiesta en el cielo, pero antes de llegar tenemos que pasar por el camino de la vida. Y al igual que el joven de nuestra historia pasaremos tiempos difíciles que nos pueden parecer oscuros y solitarios.

Pero siempre podemos tener la certeza de que Dios está con nosotros. Para los que creemos en Jesucristo, no existe razón para tener miedo, siempre y cuando nos mantengamos firmemente en Su camino. Tal vez tú no has tomado la decisión de seguir a Jesucristo por temor de que no puedas vivir la vida cristiana. En realidad nadie puede vivir la vida cristiana sin la ayuda del Señor. ¿Por qué no pones al lado tu temor y comienzas a vivir para Él? Él te llenará de su poder, y con su ayuda tú también podrás ser parte de esa gran fiesta que Dios nos ha preparado en el cielo.

Dios te puede ayuda a vencer estos temores personales. Donde hay amor no hay miedo. Al contrario, el amor perfecto echa fuera el miedo. (Véase 1 Juan 4.16-18). Jesucristo ha enviado al Espíritu Santo con poder y autoridad para ayudarte a vencer esos temores y hacer de ti un vencedor. Confiesa tus temores a Jesucristo, y confía en Él y Él te dará la victoria. ¿Estás dispuesto a confiar en Él?

La Biblia nos lo confirma una y otra vez; no debemos temer al enemigo.

1. *A todo puedo hacerle frente, pues Cristo es quien me sostiene* (Filipenses 4.13).

2. *El Señor mismo irá delante de ti, y estará contigo; no te abandonará ni te desamparará; por lo tanto, no tengas miedo ni te acobardes* (Deuteronomio 31.8).

3. *Torre fuerte es el nombre del Señor; a Él correrá el justo, y será levantado* (Proverbios 18.10 RVR).

4. *El Señor atiende al clamor del hombre honrado, y le libra de todas sus angustias* (Salmo 34.17).

Tema de discusión

Como joven que eres, enfrentarás problemas de los cuales pudiera parecer que no hay salida o solución. Esto es mentira del diablo, pues Dios estará en control de cada área de tu vida si le rindes tu corazón. Si haces esto Él te dará la victoria. Escribe qué harías si te vieras en las siguientes situaciones:

1. Tienes a un familiar muy cercano enfermo en el hospital y temes que se va morir.
2. Tu familia no conoce a Jesucristo, y piensas que nunca será salva.
3. Sientes que no puedes resistir cierta tentación y temes caer.
4. La relación entre tú y tus padres empeora y crees que sería mejor irte de la casa.

¿Quieres ser un vencedor?

No descuides tu relación con Dios, esfuérzate en creer en Dios y no en el enemigo. Él usará la mentira y el engaño para lograr su objetivo, el cual es apartarte de Dios. No temas, en Jesucristo tú eres más que vencedor porque Él ha prometido cuidar de ti. Si confías en Dios y lo obedeces, la victoria será tuya.

Oremos

Motivos de oración:

Clamar a Dios
para que cada día me llene
más de su poder, amor y
dominio propio.

Gracias, oh Señor, por el valor que me da tu palabra. Te confieso mis temores para que me libres de ellos. Confío en tu poder para ser más que vencedor. Ayúdame a llenar cada día de mi vida de ese poder, amor y dominio propio que tú has prometido. Líbrame de las dudas y ayúdame a vencer al enemigo. Afirmando mi fe en tu poder, mi confianza en tu palabra y mi esperanza en tus promesas, me declaro libre en el nombre de Jesucristo. Amén.

Capítulo 9

Enséñame lo que tienes y te diré quién eres

Lectura bíblica
1 Timoteo 6.9-10,17; Mateo 6.31-33

Requisitos para ser un vencedor:

- Reconocer que las cosas materiales no son suficientes para ser feliz.

- Aprender que tener ambiciones, y soñar con alcanzar tus metas no es malo, pero si tu felicidad depende de estas cosas, entonces sí puede ser peligroso.

- Descubrir que solamente en Dios hay completa felicidad.

Verdad bíblica

Porque el amor al dinero es raíz de toda clase de males; y hay quienes, por codicia, se han desviado de la fe y se han causado terribles sufrimientos (1 Timoteo 6.10).

De las trampas que enfrentamos como cristianos, hay una que es muy sutil y fácil de caer en ella: el materialismo. El materialismo es vivir preocupándose por las cosas de esta vida tales como ropa, dinero, comida, carros, casas, etc. Estas cosas se vuelven tan importante que se transforman en prioridad y por consecuencia, Dios pasa a un segundo plano.

Hay muchas personas que en su confusión buscan la felicidad a través de las cosas materiales. Esas personas por lo general codician más y más cosas para ser

DIOS ES LA FUENTE DE TODA RIQUEZA

felices; sin embargo, nunca llegan a estar satisfechos aunque tengan muchas posesiones. Los que se dejan atrapar por el materialismo jamás alcanzarán la verdadera felicidad. Tal vez conoces a varias personas con este problema.

Imagínate a un niñito que ve a otro patinando. Nuestro amiguito dice en su corazón: "cuando sea más grande tendré unos patines, y seré feliz". El niñito se convierte en un joven y logra hacer realidad su sueño: tener un par de patines. Pero ya que podía ser feliz ve a un joven en bicicleta. Nuestro amigo dijo en su corazón: "Cuando sea más grande tendré una bicicleta, y entonces seré feliz". El joven llega a ser adulto y logra obtener su bicicleta soñada.

Pero cuando iba a comenzar a disfrutarla vio a una persona en un auto de último modelo. Nuestro amigo dijo en su corazón: "Cuando tenga un auto, entonces seré feliz". El adulto llegó a viejo y logró obtener su auto soñado, pero a los pocos días, murió. ¿No te parece triste esta historia? Este joven llegó a viejo, y nunca fue feliz. Toda su vida la malgastó deseando tener algo para ser feliz, no supo disfrutar lo que Dios le había dado y perdió la oportunidad de vivir feliz.

Realmente es necesario y saludable tener ambiciones, soñar con lograr metas y esforzarnos por alcanzarlas. Estas cosas nos motivan, y nos ayudan a vivir la vida con entusiasmo y a superarnos. Ese no es el problema, sino cuando pensamos que nuestra felicidad depende de las cosas que deseamos tener, eso sí es peligroso. La Biblia claramente muestra que confiar en las cosas materiales es un error. En Eclesiastés 5.10 dice: *El que ama el dinero, siempre quiere más; el que ama las riquezas, nunca cree tener bastante.* El deseo desmedido de acumular cosas lleva a darle la espalda a Dios y sin darte cuenta cambias tu felicidad por frustración. No permitas que cosas pasajeras y terrenales pongan en riesgo tu relación con Dios.

¿Es malo hacer planes y trabajar para alcanzar nuestras metas? En realidad, tener ambiciones y soñar con lograr metas no es malo. Pero si nuestra felicidad depende de las cosas que deseamos tener, entonces sí es peligroso. Quienes dependen de las cosas que van a tener para ser felices son víctimas de la codicia y pierden la hermosa posibilidad de disfrutar lo que tienen.

Cierto o Falso:

___ 1. Mientras más cosas tenga seré más feliz.

___ 2. Un millón de dólares me asegura la felicidad.

___ 3. Dios me asegura la verdadera felicidad.

___ 4. Hacer planes y trazarme metas, no es malo.

___ 5. El que ama el dinero, siempre quiere más.

¿Será cierto que el amor al dinero es la raíz de toda clase de males? ¿Es malo tener dinero? En primer lugar, tener dinero o poseer riquezas, no es malo. Malo es cuando el dinero (las riquezas) te poseen a ti. ¿Cómo sé si las riquezas me poseen? Cuando te duele dar de tu dinero para ayudar al prójimo, cuando volteas el rostro para no ver la necesidad de tu hermano; porque según tú, "ojo que no ve corazón que no siente".

Todo lo que tenemos es de Dios

En cuanto a la raíz de toda clase de males, la Biblia enseña: *En cambio, los que quieren hacerse ricos caen en la tentación como en una trampa, y se ven asaltados por muchos deseos insensatos y perjudiciales, que hunden a los hombres en la ruina y la condenación. Porque el amor al dinero es raíz de toda clase de males, y hay quienes, por codicia, se han desviado de la fe y se han causado terribles sufrimientos* (1 Timoteo 6.9-10).

Una vez más, tener dinero no es malo. Ni hay nada malo o pecaminoso en las cosas materiales. Tener una casa muy lujosa o un yate de último modelo no es pecado. El problema se encuentra en poner estas cosas antes que a Dios. La belleza y el brillo nos pueden cautivar el corazón de tal manera que perdamos nuestro enfoque como cristianos, y nuestros deseos se conviertan en querer más y más de estas cosas materiales. Cuando se llega a tener mucho dinero hay el peligro de creer que con las riquezas podemos comprarlo todo, incluso la felicidad.

Tener dinero no es malo, malo es que el dinero te tenga a ti.

No te confundas con las riquezas. El dinero puede comprar una buena cama, pero no puede comprar el sueño placentero; puede comprar una excelente comida, pero no puede comprar una buena digestión. El dinero puede comprar mucha compañía, pero no puede comprar un buen amigo; el dinero puede abrir muchas puertas aquí en la tierra, pero no puede abrir las puertas del cielo. La verdadera riqueza no consiste en lo que puedas tener sino en disfrutar lo que tienes.

Soy materialista si: (Escribe Sí o No)

____ 1. Me preocupa mucho tener el mejor perfume, la mejor ropa, y el calzado de última moda.

____ 2. Deseo lo necesario para vivir bien.

____ 3. Me duele ofrendar o dar el diezmo.

____ 4. Mi prioridad es obtener cosas materiales.

____ 5. Dependo de Dios para que supla mis necesidades.

Dios desea que tú seas feliz

Por lo general, la mayoría de las personas que aman el dinero piensan que no pertenecen a ese grupo, pero su comportamiento los delata. Ten mucho cuidado, y no dependas de las cosas que tienes o que piensas tener para ser feliz porque nunca serás verdaderamente feliz. Aprende a poner tu confianza en Dios y no en tus riquezas. ¿Cómo lograrlo? No dejes que el dinero te posea, posee tú el dinero. ¿Cuándo sé que el dinero me posee? Cuando te duele compartirlo en las cosas del Señor. Te diré un secreto, si aprendes a dar sin temor, Dios te multiplicará lo que tienes. El Señor desea prosperarnos para que ayudemos al necesitado, para dar a su obra y la extensión de su reino.

Pero aquellos que caen en la trampa de amar el dinero más que a Dios, pierden el camino que conduce a la verdadera felicidad y sin darse cuenta van directo a la destrucción. *A los que tienen riquezas de esta vida, mándales que no sean orgullosos ni pongan su esperanza en sus riquezas, porque las riquezas no son seguras. Antes bien, que pongan su esperanza en Dios, el cual nos da todas las cosas en abundancia y para nuestro provecho* (1 Timoteo 6.17). En otras palabras, disfruten su riqueza pero no dependan de ella para ser feliz.

Pon lo que tienes a los pies de la cruz.

En Dios hay provisión para tu necesidad espiritual, material, física y emocional. Él es la fuente de la verdadera felicidad. Tú eres importante para Dios y Él quiere que tú seas feliz. No importa cuál sea tu problema, Jesucristo tiene el poder y la autoridad para darte la solución.

Contesta Cierto o Falso:

_____ 1. Las riquezas nos pueden llevar al orgullo.

_____ 2. Las riquezas no son seguras.

_____ 3. Hay que poner la confianza en Dios y no en las riquezas.

_____ 4. Dios da todas las cosas en abundancia.

_____ 5. Dios manda, a los que tienen riquezas en este mundo, que no sean orgullosos.

Más que vencedores

Busca primeramente las cosas de Dios

Este mundo alaga y da importancia a lo material y constantemente nos están bombardeando con mensajes que dicen: "Cómprate esto o aquello y serás feliz", "tú te lo mereces", "lucirás muy bien si usas esto", "gasta y disfruta, tú lo puedes hacer", etc. No te dejes engañar, la verdadera felicidad no se compra con dinero ni con esfuerzo humano, es sólo el resultado de creer y obedecer a Dios.

El mundo nos enseña a medir a las personas por lo que poseen en términos materiales, pero Dios tiene otros parámetros para evaluar a los seres humanos. El mundo te dice "enséñame lo que tienes y te diré quien eres". Pero Dios nos dice "enséñame en quién confías y te diré quién eres". El mundo se deja impresionar por las apariencias, pero a Dios lo que le impresiona es la disposición de tu corazón.

¿Es malo tener cosas materiales tales como un carro, una casa o dinero en el banco? La respuesta es no, no es malo tener cosas materiales. Lo malo es que las cosas materiales te posean a ti. ¿En quién dependes para alcanzar la felicidad? ¿En las cosas que posees o en Jesucristo? La verdadera felicidad no depende de las cosas que tenemos ni de las que planificamos tener. Es importante tener un lugar donde vivir, un auto en el cual transportarse, comida y ropa, pero ninguna de estas cosas nos proporcionan felicidad; solo Jesucristo te garantiza felicidad eterna.

Recuerda siempre poner tu esperanza en Dios, el cual nos da todas las cosas en abundancia y para nuestro provecho. Vive tu vida de tal manera que Jesucristo sea el Señor de tu vida. La Biblia nos enseña: *Así que no se preocupen, preguntándose: '¿Qué vamos a comer?' o '¿Qué vamos a beber?' o '¿Con qué vamos a vestirnos?' Todas estas cosas son las que preocupan a los paganos, pero ustedes tienen un padre celestial que ya sabe que las necesitan. Por lo tanto, pongan toda su atención en el reino de los cielos y en hacer lo que es justo ante Dios, y recibirán también todas esas cosas* (Mateo 6.31-33). Aprende a llenar tu mente de todo lo positivo que Dios tiene para ti. Atrévete a creer en las promesas de Dios. Invita a Jesucristo a ser parte de tu vida. Si haces esto habrás alcanzado la verdadera felicidad.

Síntomas del materialismo

Estos son algunos de los síntomas que presenta una persona que es materialista. Lee cada uno de ellos, y marca los que se apliquen a tu vida y deseas cambiar.

_____ 1. Me pesa mucho dar dinero para ayudar a otros.

_____ 2. Cuando veo a alguien necesitado prefiero ignorarlo.

_____ 3. Mi meta es llegar a tener mucho dinero.

_____ 4. No puedo alabar a Dios si he perdido alguna pertenencia material.

_____ 5. Mi apariencia física es de suma importancia para mi.

Estos tres jóvenes se han vuelto materialistas y han caído en la trampa de la codicia. Lee cada situación y basándote en la lección, escribe por qué crees que han caído en esta trampa.

1. Julián maneja un carro del año y viste con lo mejor y a la moda. Gasta todo el dinero que gana en su auto y en ropa nueva. En la iglesia solo se relaciona con jóvenes que se visten o andan en carros lujosos como él.

2. La familia de Teresa ha pasado por muchas dificultades financieras. El anhelo de Teresa es llegar a ser doctora para ganar mucho dinero y no estar pasando tanto trabajo para vivir. A ella le agradaría que otros la admiraran por sus logros y riquezas y así no sentirse inferior a los demás.

3. Ricardo sabe que tiene que dar diezmos y ofrendas, pero le pesa mucho hacerlo. Cuando hay un programa especial en la iglesia y recogen ofrendas, se molesta mucho y no da nada. Si sabe que alguien tiene alguna necesidad financiera, prefiere ignorarlo.

¿Quieres ser un vencedor?

Aprende a poner todo lo que tienes en las manos de Dios, es el mejor antídoto contra la codicia la cual nos aparta de Dios. Nos hace caer en la trampa de muchos deseos insensatos. Dios promete suplir nuestras necesidades y darnos la vida eterna. Tener dinero no es malo, lo malo y peligroso es que el dinero nos tenga a nosotros.

Oremos

Motivos de oración:
Orar para renunciar a cualquier cosa
que pueda estar estorbando que la prioridad
de mi vida sea Jesucristo.

Padre Celestial, te ruego que me ayudes para que mi corazón siempre busque tu reino. Ayúdame Señor a hacer tesoros en el cielo, y a no poner mis ojos en las cosas pasajeras de esta vida. Sé que he fallado dejándome atraer por la codicia. Renuncio a todo lo material o terrenal que tome el primer lugar en mi vida. Deseo que seas el centro y el rey de mi vida. No me dejes caer en las trampas mortales del maligno. Por fe en Jesucristo me declaro libre de las trampas de Satanás y descanso en la gracia y el poder de Jesucristo, el creador del cielo y de la tierra. Amén.

"Por eso nosotros, teniendo a nuestro alrededor tantas personas que han demostrado su fe, dejemos a un lado todo lo que nos estorba y el pecado que nos enreda, y corramos con fortaleza la carrera que tenemos por delante. Fijemos nuestra mirada en Jesús; pues de Él procede nuestra fe y Él es quien la perfecciona." Hebreos 12.1-2a DHH

¿No han oído decir que los últimos serán los primeros?

Capítulo 10

¡Auxilio, me ahogo!

Lectura bíblica
Mateo 14:22-33

Requisitos para ser un vencedor:

- Reconocer la importancia de clamar a Dios.
- Aprender a rechazar las dudas en tu vida.
- Descubrir que en Jesucristo hay esperanza.

Verdad bíblica

Pero no es posible agradar a Dios sin tener fe, porque para acercarse a Dios, uno tiene que creer que existe y que recompensa a los que lo buscan (Hebreos 11.6).

La duda es una de las armas más efectivas que usa el enemigo para robarnos las bendiciones de Dios. Exploraremos un hecho de la vida del Apóstol Pedro cuando dudó, y a pesar de eso, Jesucristo lo ayudó a salir del problema. Jesucristo te ofrece ese mismo socorro si confías en sus promesas y con fe te acercas a Él.

De seguro te estarás haciendo algunas preguntas al ver todos los problemas que hay en el mundo en que vivimos. Si el universo fue creado por un Dios amante y todopoderoso, ¿por qué hay tanto sufrimiento en el mundo? La Biblia nos enseña que cuando Dios creó el uni-

---

verso, todo lo hizo perfecto. El hombre mismo caminaba en armonía con Dios. En su andar con Dios el hombre vivía en un mundo donde no existía sufrimiento, dolor, enfermedad, miseria ni injusticia. EL hombre podía hablar cara a cara con Dios

CONFÍA EN DIOS DE TODO CORAZÓN

sin ningún obstáculo y gozaba de una perfecta relación con Él. Pero Satanás sembró la semilla de la duda (véase Génesis 3.1-23). El fruto de esta semilla trajo como consecuencia que los seres humanos se revelaran contra Dios, dándole la espalda. La consecuencia de esa rebelión trajo todos los problemas y males que nuestro mundo enfrenta hoy.

Jesucristo ha prometido sanarte.

Es muy difícil para el hombre adulto creer sin dudar. Por eso Jesucristo nos dice que si no cambiamos y nos volvemos como niños, no podremos entrar al cielo (Mateo 18.2). Un niño no tiene dudas, es confiado. Pero a medida que va creciendo, las malas experiencias y el ambiente que lo rodea van minando su confianza. Cuando vienes a Jesucristo, Él sabe que en ti hay todavía muchas dudas. Tener dudas no es un problema pero dejarte dominar por las dudas, sí es un problema. La solución a la duda es confiar en la sabiduría de Dios.

¿Qué podemos hacer para vencer la duda? La Biblia nos da la solución: *No dudó ni desconfió de la promesa de Dios, sino que tuvo una fe más fuerte. Alabó a Dios, plenamente convencido de que Dios tiene el poder para cumplir lo que promete* (Romanos 4.20-21). Honramos a Dios cuando confiamos plenamente en Él. No importa cuán complicado sea tu situación, Dios tiene el poder y la autoridad para darte la victoria. ¿Estás dispuesto a creer esto?

¿Alguna vez sentiste las siguientes dudas?

___ Si me ama Dios

___ Si mi vida tiene un propósito

___ Si las promesas de Dios son verdaderas

___ Si soy salvo

___ Si soy un verdadero Cristiano

___ Si me ha perdonado Dios

Dios te ama a pesar de tus dudas. A Pedro, uno de los discípulos, le pasó algo parecido. Un día, estando en un bote con los demás discípulos, vio la figura de un hombre que se acercaba caminando sobre el agua. Al principio se asustaron mucho porque creían que era un fantasma. Al ver que era Jesús, Pedro le dijo: *Señor, si eres tú, ordena que yo vaya hasta ti sobre el agua. Y Jesús le dijo: Ven.*

La Biblia nos dice que Pedro se paró sobre las aguas. Al notar la fuerza del viento, sintió miedo; y como comenzaba a hundirse, gritó: "¡Sálvame, Señor!" Al principio su confianza estaba en Jesús, ahora su confianza estaba en lo que lo rodeaba. *Al momento, Jesús lo tomó de la mano y le dijo: ¡Qué poca fe tienes! ¿Por qué dudaste?* (Mateo 14.31).

¡Jesucristo salvó a Pedro, a pesar de sus dudas! ¿No es maravilloso? Es grato saber que a pesar de nuestras limitaciones, si clamamos a Dios, Él está dispuesto a socorrernos. ¿Sabes joven?, la vida cristiana muchas veces se parece a lo que le pasó a Pedro. Jesús fue específico y claro cuando le dijo a Pedro: *Ven.* No le dijo: "Ten cuidado", "razona" o "mira alrededor", le dijo: *Ven.* De igual manera Dios nos hace promesas basadas en su palabra que debemos creer sin cuestionar.

¿Estás enfermo? ¿Son tus padres inconversos? ¿Te sientes solo? ¿No sabes que será de tu vida? ¿No estás seguro de tu salvación? No permitas que las circunstancias te aparten de Dios. Él te dice, *Ven.* ¿Estás dispuesto a obedecer o prefieres darle más importancia a las circunstancias que te rodean? Confía en la Palabra de Dios que es fiel. ¡Él no falla! Tener confianza en nosotros nos puede traer triunfos y calma momentánea, pero tener confianza en Jesucristo nos trae triunfos y paz permanente.

Contesta las siguientes preguntas:

¿Por qué se hundió Pedro?

_____

_____

¿Estás dispuesto a buscar a Dios a pesar de tus dudas?

_____

_____

SIN FE

es imposible agradar a Dios

Tal vez te identifiques con Pedro en esta experiencia. Quiso caminar por encima del agua, pero dudó, su confianza se vio afectada y se hundió. ¿Te encuentras en una situación parecida a la de Pedro? ¿Los problemas te están ahogando? ¡Tengo buenas noticias para ti! De igual manera que Pedro clamó a Jesucristo pidiéndole ayuda y Él lo ayudó, tú puedes hacer lo mismo. Jesucristo siempre está dispuesto a ayudarte.

Pedro gritó: "Sálvame Señor!" y Jesucristo lo salvó. La Biblia nos enseña que: *La ayuda a los hombres buenos viene del Señor, que es su refugio en tiempos difíciles. El Señor los ayuda a escapar. Los hace escapar de los malvados, y los salva, porque en Él buscaron protección* (Salmo 37.39-40). Dios viene a ayudarnos a pesar de nuestras dudas. Pero para vivir una vida en victoria debemos llenar nuestra mente con las promesas de Dios y creer en ellas. Si haces esto eliminarás las dudas.

Las dudas nos apartan de las bendiciones de Dios. Es como una enfermedad que debilita y desactiva el arma más poderosa que Dios nos ha dado, nuestra fe. *Pero no es posible agradar a Dios sin tener fe, porque para acercarse a Dios, uno tiene que creer que existe y que recompensa a los que lo buscan* (Hebreos 11.6). Para Dios no existe lo imposible. Su poder sobrepasa nuestro entendimiento. Pon tu confianza en Jesucristo. Él tiene toda autoridad en el cielo y en la tierra. Y sus recursos para cuidar de nosotros son ilimitados y variados.

Volar hacia abajo no es difícil, lo difícil es volar hacia arriba.

Cierto o Falso

_____ 1. Satanás es un mentiroso.

_____ 2. Dios protege a los que son fieles.

_____ 3. Debo alejar las dudas de mi mente.

_____ 4. Dios permanece fiel aunque yo tenga dudas.

_____ 5. La duda puede afectar mi relación con Dios.

Cuando Dios creó a los seres humanos, esperaba tener una relación de amor con ellos. Pero el amor solo existe cuando se ofrece voluntariamente. Por eso, Dios hizo al ser humano con libertad de aceptar o rechazar su amor. Dios desea tener una relación personal contigo por medio de su hijo Jesucristo. Él desea que tú lo conozcas y que entiendas su infinito amor y misericordia. La decisión de acercarte a Él está en tus manos.

No creas que tienes mucho tiempo para tomar una decisión por Jesucristo. En realidad, la vida es bien efímera. La Biblia nos enseña: *La vida del hombre es como la hierba; brota como una flor silvestre; tan pronto la azota el viento, deja de existir, y nadie vuelve a saber de ella. Pero el amor del Señor es eterno para aquellos que lo honran: su justicia es infinita por todas las generaciones, para los que cumplen con su alianza y no se olvidan de obedecer sus mandatos* (Salmo 103.15-18).

La duda nos lleva a la desobediencia y esta nos hace pecar. Aprende a llenar tu mente con la Palabra de Dios y atrévete a creer en ella. Por difícil que sea tu situación o problema, Dios ha prometido ayudar y proteger a los que son fieles. Aprende a confiar en Dios aunque no lo entiendas. La Biblia nos enseña: *El Señor da su ayuda y protección a los que viven rectamente y sin tacha; cuida de los que se conducen con justicia, y protege a los que le son fieles* (Proverbios 2.7-8). Atrévete a creer en lo que Dios ha prometido.

Cierto o Falso

____ 1. El hombre tiene libertad para rechazar a Dios.

____ 2. El amor de Dios es eterno.

____ 3. Al que cree todo le es posible.

____ 4. Dios tiene poder para transformar tu vida.

____ 5. La duda nos lleva a la desobediencia.

____ 6. Para Dios existe lo imposible.

En Dios siempre puedes confiar

José asiste a la Escuela Dominical y al grupo de jóvenes de la iglesia. Pero últimamente tiene muchas dudas sobre su futuro, y no está seguro de lo que quiere estudiar. En varias ocasiones ha orado por esto, pero no ha visto su oración contestada. José ha llegado a pensar que a Dios no le interesa su problema y que le contesta las oraciones a sus amigos, pero a él no. Debido a esto, José se ha desanimado tanto que sus oraciones y tiempo de lectura bíblica han disminuido.

- ¿Si tú fueras amigo o amiga de José, qué le dirías o qué harías para ayudarlo?

¿Quieres ser un vencedor?

Esfuérzate por vencer la duda, no confíes en tu realidad sino en lo que Dios ha dicho. Tener dudas no es malo, lo malo es permitir que te aparten de Dios. Después de su resurrección, Jesús se apareció a sus discípulos y algunos de ellos tuvieron duda. *Así pues, los once discípulos se fueron a Galilea, al cerro que Jesús les había indicado. Y cuando vieron a Jesús, lo adoraron, aunque algunos dudaban* (Mateo 28.16-17). Estos mismos hombres vencieron sus dudas y comunicaron un evangelio de poder que transformó al mundo.

Oremos

Motivo de oración:
Todo aquello
que está trayendo
dudas a tu vida.

Gracias, oh Señor, por tu cuidado para conmigo. Gracias, porque a pesar de mis dudas nunca me has abandonado; aunque yo haya sido infiel contigo, tu has permanecido fiel a tus promesas. Confieso a ti mis dudas. Quiero que las cambies en fe, poder y valor. Es mi anhelo ferviente sentir tu calor en mí, dándome el valor para enfrentarme a mis dudas con el poder de tu palabra bendita. Esto te lo pido en el nombre de Jesús, confiando en tu amor. Amén.

Capítulo 11

Muchas veredas, pero un solo camino

Lectura bíblica
Lucas 15.11-24; 2 Timoteo 2.22-26

Requisitos para ser un vencedor

- Reconocer que solo existe un camino correcto que conduce a la vida eterna.
- Aprender a seleccionar el verdadero camino.
- Descubrir que el único camino que conduce a la felicidad se llama Jesucristo.

Verdad bíblica

Hay caminos que parecen derechos, pero al final de ellos está la muerte (Proverbios 14.12).

¡Decisiones! ¿Cuál es el verdadero camino? ¿Qué estudiar? ¿Dónde trabajar? ¿Con quién casarse? Entre las muchas decisiones que como joven enfrentas, existe una decisión de vida o muerte que solo tú puedes tomar: **Creer**

o no creer a Dios. Dios te ha hecho libre para que seas tú quien tome esa decisión. Solo existe un camino correcto que te lleva a la eternidad, pero existen muchas veredas que te llevan a la destrucción. Recuerda: existe solo un camino establecido por Dios para alcanzar la vida eterna; se llama Jesucristo.

No te dejes engañar, parece sabroso pero es una trampa mortal.

Jesucristo relató una parábola muy hermosa de un joven que seleccionó el camino incorrecto y sufrió las consecuencias de su equivocación. Un día, el hijo más joven le dijo a su padre: *Padre, dame la parte de la herencia que me toca.* Este joven pidió su herencia porque quería disfrutar de la vida (uno de los engaños con el cual Satanás atrapa a muchos). A los pocos días y luego de recibir la herencia, el hijo menor vendió su parte de la propiedad y con ese dinero se fue lejos, a otro país donde llevó una vida desenfrenada. El mundo con sus luces y sonidos lo deslumbraron y gastó toda su fortuna en placeres momentáneos (sexo, bebidas, drogas, fiestas, lujo...) en busca de una felicidad imaginaria, con la cual Satanás ha confundido y sigue confundiendo a millones de personas.

Sigue diciendo la historia que cuando ya había gastado todo, hubo gran escasez de comida en aquel país, y el joven comenzó a pasar hambre. Como ya no tenía dinero, sus "amigos y amigas" se apartaron de él. Se acabaron las invitaciones y el buen tiempo que les había hecho pasar con su dinero y ahora, que lo veían en necesidad, lo abandonaron. Así que fue a pedir trabajo a un hombre de aquel lugar, y este lo mandó al campo a cuidar cerdos. Este joven era judío y para ellos este trabajo era el más bajo y humillante que se podía hacer. Los judíos consideran que los cerdos son animales inmundos (sucios, despreciables e impuros). Pero ahí no termina la historia, era tanta el hambre que tenía que llegó a querer comer las algarrobas que comían los cerdos, pero nadie se las daba.

Por fin pensó: ¡Cuántos trabajadores en la casa de mi padre tienen comida de sobra, mientras yo me muero de hambre! Y en ese momento, el joven tomó una decisión que cambió la trayectoria de su vida. Se arrepintió de todo lo malo que había hecho y decidió volver a su padre.

Una gran mayoría de las personas invierte todo su tiempo, trabajo y dinero para vivir "la buena vida". Sin embargo, son personas frustradas, vacías, sin propósito, esclavizadas por sus mismos placeres que al final los llevan a la muerte física y espiritual.

EN JESUCRISTO HAY ESPERANZA

La felicidad

¿Cuál de las siguientes cosas te proporciona felicidad? Según tu opinión, serías feliz si tuvieras:

Mucho dinero	SI	NO
La mejor ropa	SI	NO
Novio o novia ideal	SI	NO
Una iglesia con muchas actividades para jóvenes	SI	NO
Mucha popularidad entre tus amigos	SI	NO
Super inteligencia	SI	NO
Relación íntima con Dios	SI	NO

El joven tomó la mejor decisión: *Regresaré a casa de mi padre, y le diré: Padre mío, he pecado contra Dios y contra ti, ya no merezco llamarme tu hijo; trátame como a uno de tus trabajadores* (Lucas 15.18-19). Así que se puso en camino y regresó a la casa de su padre. El padre, cuando vio que su hijo regresaba, se puso muy contento y lo recibió con alegría en su corazón. La ilusión de alcanzar la felicidad que el mundo ofrece, conduce a la mayoría por el camino que lleva a la perdición.

No siempre la mayoría ha tenido la razón; y mucho menos en asuntos tan serios como la eternidad. Existe un solo camino para la vida eterna, pero muchas diferentes veredas para alcanzar la perdición y la muerte. No te dejes engañar. El camino estrecho (vivir para Dios) conduce a la vida eterna y si lo quieres mantener requiere que te esfuerces y perseveres. Es también un camino en el cual tendrás que poner tu confianza en Dios y depender de Él para llegar al final.

No ames las cosas del mundo

La Biblia nos enseña: *No amen al mundo, ni lo que hay en el mundo. Si alguno ama al mundo, no ama al Padre; porque nada de lo que el mundo ofrece viene del Padre, sino del mundo mismo* (1 Juan 2.15-16). La advertencia que Dios hace aquí es seria. Amar al mundo significa que disfrutamos y apreciamos lo que el mundo ofrece y lo que en el mundo se hace. Este pasaje dice que si hacemos esto, no amamos a Dios. Una cosa es vivir en el mundo y otra es que el mundo viva en ti. Debemos cuidarnos para que en nuestro corazón no haya amor por las cosas que son de este mundo.

El camino estrecho nos conduce a Dios. Las recompensas, el gozo y la vida que produce andar en este camino, valen el esfuerzo que hacemos por mantenernos en él. El otro camino; el ancho, que aparenta ser fácil y divertido nos aleja de la verdadera felicidad. "Haz lo que te de la gana" es la filosofía que seleccionan los del camino ancho que conduce a la muerte. ¿En cuál de los caminos te encuentras?

Cosas que me atraen

Sé honesto contigo mismo y selecciona, por lo menos, tres de las siguientes cosas que te atraen, pero que deseas cambiar en tu vida.

___ Ganar mucho dinero.

___ Tener constantes citas con chicos/as.

___ La ropa que está de moda.

___ Leer revistas que no me edifican.

___ Lucir siempre bien y estar en forma.

___ La música secular.

___ El baile y las fiestas.

___ Tener amistades no cristianas.

___ Ver programas de televisión inadecuados.

¡Cuidado al seleccionar tu camino en la vida! El joven de nuestra historia fue seducido por las promesas de felicidad y placeres que el mundo ofrece. Los resultados fueron desastrosos, lo perdió todo y pasó hambre hasta el extremo de desear la comida de los cerdos. La Biblia nos enseña: *Entren por la puerta angosta. Porque la puerta y el camino que llevan a la perdición son anchos y espaciosos, y muchos entran por ellos; pero la puerta y el camino que llevan a la vida son angostos y difíciles, y pocos los encuentran* (Mateo 7.13-14).

Jesucristo dijo: *Yo soy el camino, la verdad y la vida. Solamente por mí se puede llegar al Padre* (Juan 14.6). No existe otra alternativa. Recuerda siempre: el mundo te ofrece miles de veredas para alcanzar la ilusoria felicidad, pero su fin es el mismo, ¡tu destrucción! Por el contrario, para alcanzar la verdadera felicidad solo existe un camino, se llama Jesucristo. A pesar de nuestra desobediencia, Dios nos sigue amando, pero la decisión de apartarte del mundo solamente la puedes hacer tú. ¿Estás listo para hacer la decisión?

El joven todavía estaba lejos, pero su padre lo vio y sintiendo compasión por él, corrió a su encuentro para recibirlo. Este joven venía de pasar semanas o tal vez meses cuidando cerdos. Estaba sucio, flaco y mal oliente, pero nada de eso molestó al padre que lo recibió con abrazos y besos.

La parábola que hemos narrado revela el inmenso amor de Dios. Al igual que el padre de la parábola, Dios te espera con los brazos abiertos, no importa la condición en que te encuentres, solo falta que tú decidas, en tu mente y en tu corazón, darle la espalda al pecado y buscarlo a Él. En el cielo hay gozo y alegría por cada pecador arrepentido que regresa a los brazos de su Creador. La Biblia nos lo confirma: *Les digo que así también hay más alegría en el cielo por un pecador que se convierte que por noventa y nueve justos que no necesitan convertirse* (Lucas 15.7). ¿Estás dispuesto a seguir a Jesucristo?

Jesús o Satanás

Escribe una J, en las frases que describen a Jesucristo y una S, en las que describen a Satanás.

a) ____ El camino

b) ____ Camino ancho

c) ____ La vida

d) ____ Hijo de Dios

e) ____ La mentira

f) ____ La desobediencia

g) ____ Camino estrecho

h) ____ La muerte

i) ____ La verdad

j) ____ Príncipe de este mundo

Dios quiere lo mejor para ti, pero el enemigo ha llenado el mundo con muchas señales confusas que prometen una falsa felicidad. No te dejes confundir: fuera de Jesucristo no existe otro camino que lleve a la felicidad. *Hay caminos que parecen derechos, pero al final de ellos está la muerte* (Proverbios 14.12). Esfuérzate por entrar por el camino estrecho y descubrirás las cosas que tienen verdadero valor.

Todos los que se afanan en la vida por alcanzar y poseer cosas materiales terminan dándole la espalda a Dios. ¡Pobre de ellos! ¿Acaso no saben que cuando mueran no se pueden llevar nada? *¿De qué le sirve al hombre ganar al mundo entero, si pierde su vida? ¿O cuánto podrá pagar el hombre por su vida? Porque el Hijo del hombre [Jesucristo] va a venir con la gloria de su Padre y con sus ángeles, y entonces recompensará a cada uno conforme a lo que haya hecho* (Mateo 16.26-27).

¡Qué sorpresa se llevarán los que buscan la verdadera felicidad en los placeres y riquezas de este mundo! El mundo ·dice que para alcanzar la felicidad debemos hacer nuestra propia voluntad. ¡Cuidado! No te dejes engañar por el enemigo. A él lo

¡Qué triste! Encontró la muerte buscando placeres.

único que le interesa es destruirte. La Biblia nos da la solución: *Huye de las pasiones de la juventud, y busca la justicia, fe, el amor y paz, junto con todos los que con un corazón limpio invocan al Señor. No hagas caso de discusiones que no tienen ton ni son; ya sabes que terminan en peleas. Y un siervo del Señor no debe andar en peleas; al contrario, debe ser bueno con todos. Debe ser apto para enseñar; debe tener paciencia y corregir con corazón humilde a los rebeldes, esperando que Dios haga que se vuelvan a Él y conozcan la verdad, a fin de que se despierten y escapen de la trampa en que el diablo los tiene presos para hacer de ellos lo que quiera* (2 Timoteo 2.22-26). Andar por el camino estrecho requiere un compromiso con Dios. Esfuérzate en obedecer a Dios y encontrarás la verdadera felicidad. ¿Estás dispuesto a pagar el precio?

Cierto o Falso

_____ 1. Dios quiere lo mejor para ti.

_____ 2. Jesucristo es uno de los caminos para llegar a Dios.

_____ 3. Jesucristo vuelve otra vez.

_____ 4. Hacer nuestra propia voluntad trae felicidad.

_____ 5. Jesucristo es el único camino para llegar a Dios.

Tema de discusión

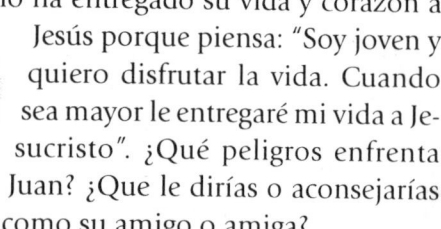

Los domingos Juan asiste a la iglesia con sus padres y por eso ha escuchado muchas veces el evangelio. Él cree en el mensaje del evangelio, pero no ha entregado su vida y corazón a Jesús porque piensa: "Soy joven y quiero disfrutar la vida. Cuando sea mayor le entregaré mi vida a Jesucristo". ¿Qué peligros enfrenta Juan? ¿Que le dirías o aconsejarías como su amigo o amiga?

¿Quieres ser un vencedor?

Entrégale tu corazón a Jesucristo y encontrarás la verdadera felicidad. Cuida que tu corazón no ame las cosas de esta vida que son contrarias a Dios y nos alejan de Él. La verdadera felicidad nunca se alcanza a través de las cosas materiales o las cosas que este mundo ofrece. Solo a través de Jesucristo encontrarás la verdadera felicidad y podrás salvar tu alma.

Oremos

Motivos de oración:
Pedir que en mi corazón
haya amor por Dios y no por las cosas
de este mundo. Orar a Dios para
que me ayude a mantenerme fiel
caminando por el camino estrecho.

Señor bueno y misericordioso, guíame por el camino estrecho aunque me cueste sacrificios y se me haga difícil en algunos momentos. Es mi deseo ser fiel seguidor del camino estrecho, sabiendo que el camino ancho conduce a la perdición eterna. Que en mi corazón haya cada vez más amor por ti y por tu palabra. No confío en mi fuerzas sino en tu poder y en la ayuda del Espíritu Santo para llegar al fin y recibir la bienvenida que tu darás a los que en ti perseveran. Amén.

Capítulo 12

¡Peligro! Puente roto

Lectura bíblica
Efesios 2.3-5; Tito 3.3-7; 1 Juan 5.1-5

Requisitos para ser un vencedor

- Reconocer que a pesar de todas las cosas que están ocurriendo en el mundo hay esperanza para los que creen en Dios.

- Aprender que el amor de Dios sobrepasa el entendimiento humano.

- Descubrir la importancia de la responsabilidad tan importante que tenemos delante de Dios: ser luz en medio de las tinieblas.

Verdad bíblica

El amar a Dios consiste en obedecer sus mandamientos; y sus mandamientos no son una carga, porque todo el que es hijo de Dios vence al mundo (1 Juan 5.3-4a).

Las advertencias tienen el propósito de alertar a las personas sobre un posible peligro, a fin de que tomen medidas preventivas. Las mismas no son para arruinar el buen tiempo que puedas estar pasando, ni tienen nada que ver con los pensamientos anticuados de las personas adultas. Es un aviso, que si lo escuchas puede salvar tu vida.

Imagínate que vas en un automóvil sentado al lado del chofer. El auto va a gran velocidad. De pronto, ves un letrero que dice: **¡Peligro! Puente roto**, pero el chofer no hace caso y continúa hacia el puente a la misma velocidad. Desesperado, le dices al chofer: "¿No viste el letrero de peligro?", y el chofer te responde: "Tranquilo, solo es un letrero". ¿Cómo te sentirías? ¿Te preocuparías?

En un mundo donde la maldad y la violencia van en aumento día a día, ¿cómo es posible tener esperanzas? Escuchamos los numerosos crímenes que se comenten diariamente, el increíble aumento de divorcios y abortos. También oímos hablar de enfermedades como el SIDA y el cáncer, el inmenso número de drogadictos, de plagas y pestes que existen en el planeta.

Mediante tus esfuerzos, nunca llegarás al cielo.

Algunas especies de animales se están extinguiendo, están cortando los bosques y debido al mal manejo de los recursos naturales, cada vez más el hombre está contaminando la tierra y aun poniendo la capa de ozono en peligro. La humanidad, por causa del pecado, va rumbo a su propia destrucción. Tú y yo nos encontramos sentados al lado del chofer que representa al mundo. Por todo el camino estamos viendo enormes letreros que nos avisan del inminente peligro, pero el chofer nos dice: tranquilo, esos letreros son exageraciones.

Aquellos que no creen en Dios van rumbo a su destrucción, pero aquellos que creen en Dios y le obedecen descubren el hermoso plan de Dios. Él nos ha trazado un plan de salvación el cual nos guarda y bendice mientras vivamos sobre la tierra. Además nos trae recompensas, galardones y vida eterna al dejar este mundo. Pero aquellos que creen en Dios a su manera y los que, simplemente no creen en Él, sufrirán las consecuencias de su error.

¿Por qué Dios quiere salvar al hombre? La palabra clave es Amor. ¿Por qué se ha tomado la molestia de llenar nuestro camino con toda clase de advertencia? Porque tú y yo somos importantes para Él. El amor de Dios sobrepasa el entendimiento humano. Nuestra mente es demasiado pequeña para entender y comprender la altura, el ancho y la profundidad del amor de Dios. Pero gloria sea a Él, por ese amor tan maravilloso que nos tiene.

Dios nos ama de manera especial

Tus preocupaciones

De las siguientes cosas, ¿cuáles te preocupan? Enuméralas en orden de importancia.

___ la capa de ozono

___ el SIDA

___ una guerra nuclear

___ extinción de especies de animales

___ destrucción de los bosques

___ ser víctima de un crimen

___ la contaminación ambiental

___ no entrar al cielo

¿Pero, qué de aquellos que buscan a Dios a su manera? Estos no hacen mal a nadie, son fieles religiosos, hacen buenas obras, pero no creen en Jesucristo como su Señor y Salvador. Para estos hay malas noticias: por nuestros propios méritos nunca podremos entrar al cielo.

En realidad, la Biblia enseña que con las buenas obras no ganas el Reino de Dios. La buena noticia es que Dios ya ha hecho todo lo necesario para salvarte del pecado y abrirte las puertas del cielo. Dios es tan misericordioso y nos ama de manera tan especial que nos ha dado la salvación por medio de su Hijo, Jesucristo.

Atrévete
a creer
en la Biblia

Pues Dios amó tanto al mundo, que dio a su Hijo único para que todo aquel que cree en Él, no muera sino que tenga vida eterna (Juan 3.16). ¿Esto significa que somos especiales y por eso nos salvó? Falso. No te salvó porque eres especial. Dios te salvó (y a todos los que crean en Jesucristo) por su bondad y amor.

La realidad es que el mundo y sus habitantes van rumbo a la destrucción. Por causa de su maldad y pecado le han dado la espalda a Dios. En su maldad, han llegado al punto de llamar malo a lo que es bueno y a lo que es malo, llaman bueno. Si esta es tu condición o conoces a alguien así, ¡tengo buenas noticias!

Cinco advertencias

Selecciona las cinco advertencias más comunes que tus amigos no siguen.

___ No tener relaciones sexuales antes del matrimonio

___ No violar las leyes establecidas por los hombres

___ No ser desobedientes con los padres

___ No decir mentiras en contra de otros

___ No codiciar las cosas de tu prójimo

___ No ser grosero o mal hablado

___ No tener ídolos en la vida

___ No tener dioses falsos

___ No emborracharse

___ No usar drogas

___ No robar

___ Otras:_____

La Biblia nos enseña: *A causa de esa naturaleza [nuestra vida llena de pecados, antes de conocer a Jesucristo] merecíamos el terrible castigo de Dios, igual que los demás. Pero Dios es tan misericordioso y nos amó tanto, que nos dio vida juntamente con Cristo cuando todavía estábamos muertos a causa de nuestros pecados. Por la bondad de Dios han recibido ustedes la salvación* (Efesios 2.3-5). Si has aprendido a confiar en Dios, no existe razón para estar preocupado. No importa la velocidad que lleva el mundo hacia su destrucción: Dios tiene poder para salvarte. En Jesucristo siempre hay esperanzas.

Tú eres especial para Dios

No menosprecies las advertencias que Dios nos da a través de la Biblia, porque es un asunto de vida o muerte. Si eres de los que piensan que las advertencias de la Biblia están pasadas de moda, estás en serios problemas. Pero cuando decides creer en Jesucristo algo maravilloso ocurre en tu vida; recibes el regalo de vida eterna. Permanece firme en tus convicciones en Jesucristo y no te doblegues ante el pecado. Tú estás en el camino de la vida.

Pues por medio de Jesucristo nuestro Salvador nos dio en abundancia el Espíritu Santo, para que, después de hacernos justo por su bondad, tengamos la esperanza de recibir en herencia la vida eterna (Tito 3.6-7).

Pensarás que esto es difícil de hacer, mas Dios nos envía su Espíritu Santo

¿Por qué lo hizo?

para que lo podamos hacer. Con su ayuda podremos crecer en las cosas de Dios y vivir una vida victoriosa. Ahora que has alcanzado el regalo de vida eterna tienes una nueva responsabilidad. No olvides lo que Jesucristo dijo de nosotros: *Vosotros sois la sal de este mundo* y *Vosotros sois la luz de este mundo* (Mateo 5.13a; 5.14a). Démosle sabor y luz a aquellas personas que están alrededor de nosotros, con la ayuda del Señor lo haremos. Posiblemente en tu familia, en tu escuela o trabajo, hayan muchos que no conozcan a Jesús, con tu vida y con lo que les hablas de Jesucristo puedes hacer cambios en sus vidas que permanecerán por la eternidad. ¿Cuándo vas a comenzar?

¿Cómo está tu vida? Marca tu respuesta.

1. Doy testimonio a otros de que soy cristiano:
   ❑ nunca   ❑ a veces   ❑ siempre
2. Mi comunión con Dios está:
   ❑ fuera de servicio ❑ con interferencias ❑ excelente

¿Te has dado cuenta de que Dios te ha llamado a ser luz en este mundo de tinieblas? El deseo de Dios es que tu luz brille ante los hombres, y que por medio de tu ejemplo otros lleguen a conocer a Dios y a darle gloria. Tu vida es un instrumento de Dios para reflejar su amor y presencia en tu escuela, en tu casa, en la iglesia, en la casa de tus amigos, y a los lugares que frecuentas. El mundo no conoce a Dios y es nuestra responsabilidad dejarles saber acerca de Jesucristo.

Tenemos la responsabilidad de comunicar las buenas nuevas del evangelio. No te conformes con predicar con palabras, predícalo con tu manera de ser. Tampoco te conformes con vivir una vida buena, esfuérzate en vivir una vida de excelencia. Solamente en Cristo lo puedes lograr.

Todo el que tiene fe en que Jesús es el Mesías, es hijo de Dios; y el que ama a un padre, ama también a los hijos de ese padre. Cuando amamos a Dios y hacemos lo que Él manda, sabemos que amamos también a los hijos de Dios. El amar a Dios consiste en obedecer sus mandamientos; y su mandamientos no son una carga, porque todo el que es hijo de Dios vence al mundo. Y nuestra fe nos ha dado la victoria sobre el mundo. El que cree que Jesús es el Hijo de Dios, vence al mundo (1 Juan 5.1-5).

No desesperes a causa de la confusión en que se encuentra el mundo, para los que creemos en Dios siempre hay esperanza.

La Biblia nunca se equivoca, es infalible. Esto significa que no falla. Este mundo puede dejar de existir, mas la Palabra de Dios permanecerá para siempre (véase Lucas 21.33). Haz de ella tu mejor consejera en las cosas que emprendes, en las decisiones que tomas y los planes que tienes. Ella te mostrará cuál es la perfecta voluntad de Dios para tu vida. Si así lo haces, tendrás la victoria asegurada.

¿Qué harías?

Hacer la voluntad de Dios muchas veces requiere decirle no a nuestros propios deseos y gustos. ¿Qué harías en estas situaciones?

1. Estoy cansado, pero debo ir a la iglesia. ¿Voy o me quedo durmiendo?
   _____

2. Tu iglesia convoca a un ayuno. ¿Ayuno o voy de paseo con mis amistades?
   _____

3. Alguien me trata mal. ¿Cómo debo tratarlo? ¿De la misma manera? u ¿Oro por él?
   _____

Tema de discusión

Esther está muy preocupada por las cosas que han estado pasando en su país. Movimientos terroristas, incremento del crimen, problemas económicos, aumento del desempleo y corrupción en diferentes niveles de la sociedad. Muchos de sus compañeros en la escuela toman alcohol o fuman, sus padres están divorciados o con serios problemas matrimoniales, algunos de sus amigos están usando drogas, y otros están involucrados en inmoralidades. Ella conoce a Jesucristo, pero se ha desanimado al ver todas estas cosas a su alrededor. Se le hace difícil imaginar un buen futuro para ella. Pensar en el futuro le da temor, y no sabe qué hacer. ¿Qué le dirías a Esther para animarla sobre su futuro? ¿Te has sentido alguna ves como Esther? ¿Qué desea Dios que ella haga en cuanto al mundo que la rodea?

¿Quieres ser un vencedor?

¡Confía en Dios! El mundo en que vivimos va sin control hacia un puente roto que lo conducirá a una catástrofe. Los síntomas de esta catástrofe los vemos día a día en las noticias y en nuestras vidas. Hay guerras, terremotos, hambre, odio, traición, enfermedades, etc. Ante este cuadro espantoso hay promesa de esperanza y vida eterna para aquellos que toman en serio las advertencias que Dios nos da y las ponen en práctica.

Oremos

Motivos de oración:
Confiar mi vida
en las manos del Señor.

Amante Señor Jesús, tú que eres un vivo ejemplo de obediencia y rectitud, enséñame el camino de la obediencia. Que mis pasos se dirijan en pos de ti, y que mi vida refleje tu amor, gracia y bondad. Gracias por el regalo tan hermoso que me has dado: la salvación de mi alma. Puedo estar confiado, porque pase lo que pase a mi alrededor sé que estoy bajo tu cuidado. Te pido que guardes mis pies en tus caminos para siempre. Amén.

Capítulo 13

Jesucristo no viene pronto

Lectura bíblica

Mateo 24.4-14, 36-44

Requisitos para ser un vencedor

- Reconocer que Jesucristo viene pronto.

- Aprender a identificar las señales que nos revelan su pronto regreso.

- Descubrir que su venida está más cerca de lo que nos imaginamos.

Verdad bíblica

Ya que has hecho del Señor tu refugio, del Altísimo tu lugar de protección, no te sobrevendrá ningún mal ni la enfermedad llegará a tu casa; pues Él mandará que sus ángeles te cuiden por dondequiera que vayas (Salmo 91.9-11).

En cualquier momento ocurrirá un hecho glorioso y majestuoso que cientos de millones de personas están esperando. Un hecho que cambiará el rumbo de la humanidad, y la vida de millones y millones de personas que han creído en Jesucristo. Me refiero a la segunda venida de Jesús a la tierra. ¡Cristo viene pronto! Me imagino que habrás escuchado esto muchas veces. ¿Lo crees? ¿Cuándo piensas que esto va a ocurrir? ¿En mil años, un año, mañana? La realidad es que Jesucristo volverá otra vez, cuándo lo hará no es realmente importante. Lo importante es que cuando esto ocurra tú estés preparado para irte con Él.

Las profecías se están cumpliendo

Tengo una excelente noticia para todos los que creemos en Jesucristo, ¡Él vuelve otra vez! Sin embargo, antes de que Él regrese, el mundo pasará por un período de gran tribulación.

Tan pronto como pasen aquellos días de sufrimiento, el sol se oscurecerá, la luna dejará de dar su luz, las estrellas caerán del cielo y las fuerzas celestiales temblarán. Entonces se verá en el cielo la señal del Hijo del hombre [Jesucristo], y llenos de terror todos los pueblos del mundo llorarán, y verán al Hijo del hombre que viene en las nubes del cielo con gran poder y gloria. Y Él mandará a sus ángeles, con una gran trompeta para que reúnan a sus escogidos de los cuatro puntos cardinales, desde un extremo del cielo hasta el otro (Mateo 24. 29-31). Esta profecía se cumplirá en los postreros días y solo los que han creído en el Hijo de Dios serán librados de tan horrible experiencia.

Muchas profecías acerca de la segunda venida de Jesucristo se están cumpliendo. Lo que Jesús dijo que pasaría antes de su venida está pasando. ¡El fin se acerca!

Se han levantado falsos profetas, hay alarmas de guerra, hambres, terremotos, persecución, incremento en la maldad, y enfriamiento en el

¿Cómo es posible que nos parezcamos tanto?

amor (véase Mateo 24.5-14). Por otro lado, el evangelio se está predicando alrededor del mundo, y hoy como nunca, cientos de misioneros están saliendo hacia los pueblos no alcanzados para llevar las buenas nuevas del evangelio. Alrededor del mundo hay millones de personas que se están convirtiendo al cristianismo. Estas señales son aviso de su venida. ¡Algo está pasando!

No cometas el error de pensar que vas a tener tiempo de arreglar todas tus cosas con el Señor antes de que Él venga. ¡No vas a tener tiempo! *Manténganse ustedes despiertos, porque no saben qué día va a venir su Señor* (Mateo 24.42-44). Aquellos que tienen un pie en las cosas del mundo y otro en las cosas de Dios están en serios problemas.

Analiza este pasaje y contesta la pregunta.

Dios te dice: Yo sé todo lo que haces. Sé que no eres frío ni caliente. ¡Ojalá fueras frío o caliente! Pero como eres tibio, y no frío ni caliente, te vomitaré de mi boca (Apocalipsis 3.15).

¿Qué significa no ser frío ni caliente?

_____

_____

_____

Más que vencedores

NO VIENE PRONTO, VIENE AHORA

Hace unos años conocí a una misionera, una amable anciana misionera de unos 70 años de edad. Estaba hospedada en casa de mi tía Filomena Rivera, en Puerto Rico, mientras se recuperaba de una operación de corazón abierto. Durante más de 30 años había sido misionera en Panamá. Allí servía al Señor llevando el evangelio a otros y ahora planeaba regresar a Panamá tan pronto se recuperara de esta operación.

Lo interesante de la historia es que durante la intervención quirúrgica, quedó clínicamente muerta. Los médicos trataron desesperadamente de resucitarla, pero todo fue en vano. ¡Estaba muerta! Ella estaba al lado de los médicos y lo vio todo, no su cuerpo, pero su espíritu. Según su relato, vivió la experiencia de la muerte y entrada al cielo. Vio un túnel, una radiante luz y sintió el amor de Dios. Pero lo más impactante fue que se reunió con Jesucristo y junto con Él recorrió el paraíso.

Me describió, con lujo de detalles, lo hermoso, perfecto y armonioso del lugar. Había flores de todos los colores y formas, lagos refrescantes, árboles y mucha gente muy alegre. La sensación de paz, gozo y amor que se sentía delante de la presencia de nuestro Señor Jesucristo, la absorbió de tal manera que apenas se dio cuenta de que tenía un nuevo cuerpo. Ya no tenía el achacoso y viejo cuerpo, sino uno nuevo, lleno de ánimo y energía. ¡Te puedes imaginar esa experiencia! Pero de momento nuestro Señor Jesucristo la miró con ternura y le dijo: "Tienes que volver por un corto tiempo, tienes que volver". No podía creer lo que sus oídos espirituales estaban escuchando. ¿Por qué, Señor? ¡No me quiero ir, me siento tan bien aquí! ¿Por qué? El Señor se sonrió y con una mirada llena de amor y compasión le dijo: "Tienes que regresar para cambiar tu mensaje". ¿Cambiar el mensaje?

¿Qué debo hacer para estar listo para el regreso de Jesucristo?

Selecciona las respuestas correctas marcándolas con una (X).

_____ 1. Meterme en un monasterio para así estar consagrado.

_____ 2. Aceptar a Jesucristo en mi vida como mi Señor y Salvador.

_____ 3. Irme a una isla desierta donde no hayan tentaciones.

_____ 4. Vivir para Él y ser un ejemplo a otros de su amor y perdón.

_____ 5. Contarles a otros el mensaje de Salvación.

_____ 6. Dejar mi escuela y mi casa, y refugiarme en la iglesia para así asegurar mi partida con Él.

Las señales se están cumpliendo

Les diré que mientras escuchaba a esa dulce anciana relatar esta tremenda experiencia, mi mente no cesaba de preguntarse: ¿Por qué? Toda una vida predicando: ¡Cristo viene pronto! Y tenía que cambiar su mensaje. ¿Por qué? Continuó relatando la sensación que sintió al regresar a su cuerpo: no había dolor ni malestar alguno, solamente la curiosa sensación de ser atrapada por una aspiradora de polvo. ¡De regreso al viejo cuerpo!

De pronto, los médicos y enfermeras entraron en acción porque la paciente, que declararon muerta, estaba viva. ¡Increíble! Una mujer de más de 70 años dispuesta a caminar la **milla extra** por el Señor. Estaba firme en su resolución de volver a Panamá para proclamar un nuevo mensaje.

No se preocupaba de cómo lo iba hacer, ni por dónde comenzar. Lo único que sabía era que nuestro Señor Jesucristo la había comisionado para cambiar su mensaje. Desde ahora en adelante predicaría: EL SEÑOR NO VIENE PRONTO, ÉL VIENE AHORA.

Debo confesar que esta agradable mujer

Este es el único lugar seguro.

impactó positivamente mi manera de ver las cosas, especialmente las de Dios.

En primer lugar, muchos cristianos están adormecidos espiritualmente, esperando el regreso de nuestro Señor como algo que va a ocurrir, pero todavía falta mucho. La realidad es que Jesucristo VIENE AHORA, o como dirían en otros países latinoamericanos: VIENE AHORITA.

Vamos a completar este pareo:

a) pronto	____ 1. Jesucristo
b) fe	____ 2. Siempre cumple sus promesas
c) vuelve otra vez	____ 3. Inmediato
d) Jesucristo	____ 4. Cree y obedece a Jesucristo
e) cristiano	____ 5. No depende de lo que vemos

El regreso de Jesucristo puede ocurrir de un momento a otro. Las señales de su venida se están cumpliendo. Todos los hechos que están ocurriendo en el mundo y han ocurrido en la historia, han estado apuntando a su venida. Aunque el mundo se burle y no lo crea, Jesucristo vuelve otra vez. ¡Él volverá por su pueblo! El reloj de Dios está a punto de marcar el minuto final. Hasta ese instante el hombre tendrá la oportunidad de abrir su corazón a Jesucristo y ser salvo. ¿Qué pasaría si dentro de 60 minutos el reloj de Dios marcara el minuto final?

Estás listo para Su regreso

Definitivamente en los postreros (últimos) días, la situación se pondrá muy difícil y especialmente para nosotros los cristianos. La Biblia nos enseña: *Tengan cuidado de que nadie los engañe. Porque vendrán muchos haciendose pasar por mí [Jesucristo]. Dirán: 'Yo soy el Mesías', y engañaran a mucha gente. Ustedes tendrán noticias de que hay guerras aquí y allá; pero no se asusten, pues así tiene que ocurrir; sin embargo, aun no será el fin.*

¿Qué nos dice la Biblia sobre la segunda venida de Jesucristo?

Busca los siguientes versículos y contesta el pareo.

a) Heb 9.28 _____ 1. Le veremos en una nube con gran poder y gloria

b) Mt 16.27 _____ 2. Vendrá a salvar a los que le esperan.

c) 2 Ti 4.1 _____ 3. Nadie sabe el día ni la hora.

d) Lc 21.27 _____ 4. Vendrá con la gloria de su Padre y con sus ángeles, y recompensará a cada uno conforme a sus hechos.

e) Mt 24.36 _____ 5. Vendrá como rey a juzgar a los vivos y a los muertos.

f) 1 Ts 5.23 _____ 6. Él enviará a sus ángeles para que reúnan a sus escogidos.

g) Mt 24.31 _____ 7. Debemos ser santos en cuerpo, alma y espíritu, sin defecto alguno, esperando su venida.

Porque una nación peleará contra otra y un país hará guerra contra otro; y habrá hambre y terremotos en muchos lugares. Pero todo eso apenas será el comienzo de los dolores (Mateo 24.4-8). ¿Acaso no te resulta familiar lo que aquí se ha descrito? ¡Claro que sí! Más que un pasaje de la Biblia, parece un resumen de las noticias internacionales. A pesar de lo tétrico que se muestra el futuro, a aquellos que perseveran en Jesucristo les será dada la victoria total. Debes estar preparado, y si sientes temor porque sabes que tu vida no está recta ante el Señor, arregla las cuentas con Él. ¡No dejes para mañana lo que puedes hacer hoy!

Tema de Discusión

Para llevar a cabo esta actividad, la clase debe dividirse en grupos de aproximadamente cinco personas. Cada grupo debe imaginarse que es parte de un comité muy especial: El Comité de bienvenida del Señor Jesucristo. El grupo debe pensar qué se debe hacer para esperar el regreso del Señor y hacerlo sentir feliz respecto al grupo. Las cosas que quieran hacer pueden relacionarse con la escuela, la casa, el vecindario o la iglesia. Un miembro del grupo informará al resto de la clase.

¿Quieres ser un vencedor

Sé fiel a Dios y no pongas tu confianza en las apariencias. La realidad es que Jesucristo regresará muy pronto por su pueblo. Todas las señales de su venida se están cumpliendo. Es nuestra responsabilidad anunciar (predicar) el evangelio por todos los rincones del mundo. No lo dejes para mañana, porque mañana podría ser demasiado tarde.

Oremos

Motivos de oración:
Que mi vida esté consagrada
al Señor y lista para su regreso.

Bendito Padre Celestial, ayúdame a mantener mi mirada solo en tu hijo Jesucristo para no ser confundido juntamente con el mundo que me rodea. Señor, dame fuerzas para perseverar en tus caminos, firme hasta el fin. Ayúdame a ser un cristiano con valor para proclamar, con mi manera de ser y con mis labios, que tú vives y volverás otra vez. Te pido que me ayudes a estar siempre listo para tu regreso, y que mi anhelo sea vivir para ti. Amén.

APÉNDICE A

Respuestas a las preguntas de cada capítulo

Capítulo 1
1A
1. Cierto
2. Falso
3. Falso
4. Falso
5. Falso
6. Cierto
7. Falso
8. Cierto

1B
1. Nosotros mismos.

1C
Tarea personal

1D
Tarea personal

Capítulo 2
2A.
Tarea personal

2B
Tarea personal

2C
1. B
2. A
3. D
4. C
5. E
6. F

2D
Dar,
ocupar un puesto de responsabilidad,
enseñar,
servir a otros,
animar a otros,
comunicar el mensaje,
y ayudar al necesitado.

Capítulo 3
3A
Tarea personal

3B
1. Salvación
2. Son inútiles
3. Corazón
4. Por gracia
5. Boca

3C
1. Sí
2. Sí
3. Sí
4. Sí
5. No

3D
La salvación

Capítulo 4
4A
Tarea personal

4B
Tarea personal

4C
1. Cierto
2. Falso
3. Cierto
4. Cierto
5. Cierto
6. Cierto
7. Falso
8. Cierto

4D
1. Cierto
2. Cierto
3. Falso
4. Cierto
5. Cierto

Capítulo 5
5A
1. Cierto
2. Cierto
3. Falso
4. Falso
5. Cierto
5B
Tarea personal
5C
Tarea personal
5D
A, B, D, F

Capítulo 6
6A
Tarea personal
6B
1. Cierto
2. Cierto
3. Falso
6C
1. D
2. E
3. B
4. A
5. C
6D
1. Cierto
2. Falso
3. Falso
4. Cierto
5. Cierto

Capítulo 7
7A
a. Falso
b. Falso
c. Cierto
d. Falso
e. Cierto
f. Cierto
g. Falso
h. Cierto
i. Cierto
7B
Tarea personal
7C
A. Juan 12.31
B. Lucas 10.19
C. 2 Co 4.4
D. Juan 8.44
E. Stg 4.7
F. Ef 6.12
G. Ef 6.11
H. 1 Co 10.13
7D
Tarea personal

Capítulo 8
8A
Tarea personal
8B
1. Cierto
2. Cierto
3. Falso
4. Cierto
5. Cierto
8C
1. Cierto
2. Falso
3. Cierto
4. Cierto
5. Falso
8D

Capítulo 9
9A
1. Falso
2. Falso
3. Cierto
4. Cierto
5. Cierto
9B
Contestar sí al #1, #3, #4 señalan a alguien que es materialista.
9C
1. Cierto
2. Cierto
3. Cierto
4. Cierto
5. Cierto
9D

Capítulo 10
10A
Tarea personal

10B
1. Porque dudó.
2. Sí
10C
1. Cierto
2. Cierto
3. Cierto
4. Cierto
5. Cierto
10D
1. Cierto
2. Cierto
3. Cierto
4. Cierto
5. Cierto
6. Falso

Capítulo 11

11A
Tarea personal

11B
Tarea personal

11C
a = J
b = S
c = J
d = J
e = S
f = S
g = J
h = S
i = J
j = S

11D
1. Cierto
2. Falso
3. Cierto
4. Falso
5. Cierto

Capítulo 12

12A
Tarea personal

12B
Tarea personal

12C
Tarea personal

12D
Tarea personal

Capítulo 13

13A
1. Significa ser tibio, un estado desagradable que repugna al Señor.

13B
#2, #4 y #5.

13C
1. C
2. D
3. A
4. E
5. B

13D
1. D
2. A
3. E
4. B
5. C
6. G
7. F

Notas:

Notas: